D1984683

Birgit Lennartz

Cook And Run

155 fixe Rezepte für Läufer, Biker und Walker

Vorwort

Rezepte müssen für mich mit wenigen und möglichst im Haushalt vorrätigen Zutaten herzustellen sein. Sie sollten nicht zu viel Aufwand beanspruchen.
Die meisten Speisen sind fettarm, so wird man keinen Rühr-, Mürbe- oder Blätterteig finden. Fett wird also nur so viel verwendet wie nötig. Oder es stammt aus den Zutaten, beispielsweise aus Nüssen. Eine Abwandlung ist jederzeit möglich. Denn statt Saurer Sahne mit 10 % Fett kann man natürlich auch Crème fraîche mit über 30 % Fettgehalt nehmen.
Auch bei den Süßungsmittel kann jeder selbst entscheiden, ob er natürliche Quellen, etwa Honig, einsetzt oder normalen Haushaltszucker. Ebenso ist die Wahl des Ausmahlungsgrades beim Mehl der freien Entscheidung überlassen.
Eine Rezept-Sammlung kann nie zum Abschluss kommen, sie lebt gewissermaßen und entwickelt sich eigenständig weiter.
So wird man immer wieder Ergänzungen oder Variationen finden, die unbedingt ausprobiert werden müssen. Wahrscheinlich wird auch aus diesem Buch das ein oder andere Rezept kopiert und weitergegeben, verändert oder ergänzt werden.

Viel Spaß beim ›schnellen‹ Kochen wünscht

Birgit Lennartz

Ein Rezept zum Einstieg

Ein originelles Geschenk, das auch vom Beschenkten nicht viel Arbeit verlangt, ist eine

Zimt-Brownie-Mischung im Glas

Hierzu
125 g feinster Zucker
150 g gehackte Haselnüsse
125 g Mehl
150 g gehackte Zartbitterschokolade
1 TL Instant-Kaffee
2 TL Zimt
in ein Glas schichten und folgende Zubereitungsanleitung dazu schreiben:

125 g Butter oder Margarine und 2 Eier
schaumig rühren.
Inhalt des Glases zugeben
und verrühren.
Teig in eine gefettet Backform geben und bei 200 Grad ca. 25 Minuten backen.
Noch heiß in Würfel schneiden.

Inhalt

Birgit Lennartz über:

Rezepte von A – Z

Dies und Das zu den Rezepten

Warum sind in diesem Buch keine Nährwertangaben enthalten?

Dies hat mehrere Gründe:
Angaben zu Vitaminen und Mineralstoffen können sehr schwanken. Was im Labor im **Reagenzglas** ermittelt wird, entspricht selten der Realität im Körper. So werden z. B. von 100 mg Eisen nur etwa 10 % vom Körper verwertet. Die Aufnahmekapazität kann sich auf bis zu 30 % erhöhen, wenn die Mahlzeit ausreichend Vitamin C enthält. Zudem versucht der Körper bei Eisenmangel mehr aus der Nahrung zu ziehen. Eine gleichzeitige Aufnahme von Zink hingegen blockiert die Eisenverwertung. Ebenso ist Kaffee und schwarzer Tee für die Eisenresorption schädlich. Der Vitamin-C-Gehalt von Äpfeln (3 – 35 mg) hängt von der Sorte ab, aber auch von Standort, Klima und Lagerzeit. Der Selengehalt im Getreide ist stark abhängig von der Bodenbeschaffenheit des Standortes.
Vitamine werden durch Einwirkung von Luft, Licht und Sauerstoff zerstört. Mineralstoffe gehen durch längeres Wässern und mit dem Kochwasser verloren. Störquellen der genauen Vitamin- und Mineralstoffbestimmung sind also **Herkunft, Lagerung und Zubereitung**. Angaben zum Vitamin und Mineralstoffgehalt sind demnach zu ungenau und müssten eigentlich für jedes Gericht einzeln ermittelt werden.
Und selbst dann wüsste man immer noch nicht genau, was der Körper davon aufnimmt und benötigt.
Auf Hinweise zu **Kohlenhydraten, Fetten und Eiweißen** wurde verzichtet, da einige Rezepte dem Benutzer es frei stellen, ob er lieber die fettreichere Sahnevariante oder doch lieber den Magerquark bevorzugt. Gleiches gilt für die Kohlenhydrate. Auch hier können die Süßungsmittel variieren.

Die **Flüssigkeitsmenge** in den Rezepten kann etwas variieren je nach Mehlart (Vollkornmehle benötigen mehr, da sie durch die Kleie stärker aufquellen) und Eiergröße.
Das **Backblech** bzw. die Backform sollte natürlich immer gefettet oder mit Backpapier ausgelegt werden.
Backtemperatur und -zeiten sind Richtwerte.
Eier sollte man aus Bodenhaltung, oder noch besser, direkt beim Erzeuger kaufen, wo man sicher sein kann, wie die Tiere gehalten werden.
Fleisch bzw. Fleischprodukte kaufe ich nur mit dem EG-Bio-Siegel bzw. versuche direkt beim Bauern zu kaufen. Der Aufwand an artgerechter Tierhaltung sollte uns die Mehrkosten wert sein.

Ökologische Lebensmittel

Für Läufer ist die Natur ein Lebenselixier, das es zu erhalten gilt. Was liegt da näher, den ökologischen Landbau als Umwelt und Ressourcen schonende Form der Landbewirtschaftung zu unterstützen. Wie aber blickt man im Dschungel der Öko-Kennzeichnungen durch?
Grundlage ist die ökologische oder biologische Form des Landbaus, bei dem Ackerbau und Tierhaltung möglichst miteinander gekoppelt sind und einen weitgehend geschlossenen Betriebskreislauf bilden. Der landwirtschaftliche Betrieb ist also ein Ökosystem in dem ein **geschlossener Kreislauf** mit geringst möglichem Verbrauch nicht erneuerbarer Energie- und Roh-

stoffvorräte angestrebt wird. Bodenfruchtbarkeit wird erhalten durch eine vielseitige Fruchtfolge, naturgemäßen Pflanzenschutz und organischen Dünger aus eigener Produktion. Tiere werden artgerecht und flächengebunden gehalten – nur so viele Tiere wie der Acker ernähren kann – und aus eigener Produktion gefüttert.
In Deutschland gibt es neun, weltweit etwa 150 Anbauverbände, die sich schon vor der EG-Öko-Verordnung organisiert haben und deren Mitglieder nach gemeinsam festgelegten Rahmenrichtlinien produzieren.
Die **EG-Öko-Verordnung** regelt die Erzeugung und Verarbeitung von Öko-Lebensmitteln. Die produzierenden Betriebe unterliegen der Kontrolle der amtlichen Lebensmittelüberwachung der zuständigen Landesbehörde. Die Betriebe werden von staatlich zugelassenen privaten Kontrollstellen mindestens einmal im Jahr überprüft.
Kennzeichen der Öko-Produkte sind staatlichen Bio-Siegel. Zudem müssen die Erzeugnisse die Codenummer der Öko-Kontrollstelle aufweisen. (DE-099-Öko-Kontrollstelle).
Daneben gibt es die Zeichen der neun Anbauverbände, ein EG-Emblem, regionale Gütezeichen und Öko-Handelsmarken wie Grünes Land, Füllhorn, Pro natur, Bio Wertkost, Naturkind.
Folgende Bezeichnungen sind geschützt und weisen auf ökologischen Landbau hin

- bio
- biologisch, biologisch-dynamisch, Bio-Anbau, kontrolliert ökologischer Anbau, kontrolliert biologischer Anbau (kbA), ökologische Agrarwirtschaft, organisch, ökologisch, Ökologischer Landbau, EG-Kontrollsystem, ökologischer Landbau, organic, organisch-biologisch.

Kontrollierter Anbau ist kein Hinweis auf ökologische Erzeugung. Hier orientiert man sich meist am so genannten Integrierten Pflanzenbau, bei dem sich die Düngung am Bedarf der Pflanzen, nach dem Motto ›So viel wie nötig – so wenig wie möglich‹ richtet.
Wenn nicht alle Zutaten in einem Produkt aus dem ökologischen Landbau entstammen, so darf der Hersteller mit dem Begriff Bio oder Öko werden wenn mindestens 95 % der Zutaten aus ökologischen Anbau stammen.
Sicher kann man sich nie ganz sein, aber die Zeichen sind zumindest eine Hilfe. Am besten kauft man direkt beim Bauern ein, wo man vor Ort sieht, wie die Herstellung abläuft. Ich bin in der glücklichen Lage, nur knapp einen Kilometer entfernt auf meiner Lieblingslaufrunde einen Bauern zu haben, wo ich Eier, Milch (darf man sogar selber zapfen), Äpfel, Kartoffeln und ab und an frisches Geflügel gut und preiswert erwerben kann.

Hinweise und Tipps zum Backen

Getreidesorten und ihre Backeigenschaften

Weizenmehl ist das am häufigsten verwendete Mehl. Je höher die Typenzahl, umso mehr Mineralstoffe, Vitamine und Ballaststoffe sind enthalten. Die Typenzahl gibt an, wie viel Milligramm Mineralstoffe in 100 Gramm Mehltrockensubstanz enthalten sind. Weizenmehl 405 bedeutet also einen Mineralstoffgehalt von 450 mg, bei 1050 sind mehr als doppelt soviel Mineralstoffe, vor allem Magnesium, Eisen und Mangan, enthalten.
Grahammehl ist ein grob gemahlenes Weizenvollkornmehl aus Winterweichweizen, das weniger Gluten besitzt und daher weniger aufgeht.

Hartweizengrieß hat einen hohen Klebergehalt, findet vorwiegend in der Pastaherstellung Verwendung und kann auch Broten zugesetzt werden.
Roggen enthält nur etwas Kleber, muss also mit Weizenmehl gemischt werden. Bei gleichem Ausmahlungsgrad enthält Roggenmehl mehr Vitamine und Mineralstoffe als Weizenmehl
Amaranth, ein Hauptnahrungsmittel der Azteken, besitzt ein nussiges, leicht würziges Aroma. Er enthält mehr Eiweiß als die meisten anderen Mehlsorten, aber wenig Kleber.
Gerstenmehl zeichnet sich durch einen leicht süßen Geschmack aus.
Buchweizenmehl verleiht einen herzhaft erdigen Geschmack.
Maismehl verursacht ein gelbliches Aussehen und ein süßes Aroma.
Hirsemehl ergibt eine angenehm körnige Krume und lockert als ganzes Korn Brote auf.
Hafermehl enthält viel Eiweiß, muss aber wegen seines sehr niedrigen Glutengehaltes mit Weizenmehl vermischt werden. Haferflocken nehmen dickere Flüssigkeiten wie etwa Buttermilch nur schlecht auf und sollten vor Verwendung solcher Zutaten mit ein wenig kochendem Wasser übergossen werden.
Quinoa-Mehl aus den Samen eines uralten Gänsefußgewächses aus Peru gibt Brot ein nussiges Aroma, enthält viel Eiweiß und ist glutenfrei.
Reismehl ist meist in glutenfreien Broten zu finden. Es gibt einen süßen Geschmack und eine klebrige Krume.
Sojamehl gibt eine saftige Krume und weist einen sehr hohen Eiweißgehalt auf. Sollte aber wegen seines etwas bitteren Geschmacks sparsam verwendet werden.

Die verschiedenen Teigarten

Beim Backen vergrößert sich das Volumen des Teiglings. Dazu werden Backtriebmittel bzw. Teiglockerungsmittel benötigt. Dies sind chemische Substanzen oder Mikroorganismen, die bei der Teigzubereitung und/oder beim Backen Gasbläschen bilden, welche das Volumen vergrößern. Dazu gehören unter anderem Hefen, Sauerteig und Backpulver.
Hefen sind Pilze, die sich bei Wärme, Feuchtigkeit und Zucker schnell vermehren und dabei durch Gärung Kohlendioxid freisetzen.
Beim **Sauerteig** entsteht durch Gärung Kohlendioxid, Milch- und Essigsäure.
Als Backpulver werden Substanzen benutzt, die Kohlendioxid freisetzen, wie Natron (Natriumhydrogenkarbonat), Hirschhornsalz (Ammoniumkarbonat) und Pottasche (Kaliumkarbonat).
Backpulver besteht aus Natron und einer Säure, sowie Stärke, die die Bestandteile getrennt und trocken hält, damit sie nicht vorzeitig miteinander reagieren. Daher sollte mit Backpulver zubereiteter Teig nicht länger als eine Viertelstunde stehen, damit die Treibkraft der Kohlensäure nicht vor dem Backen verpufft.
Hirschhornsalz und **Pottasche** dagegen entwickeln ihre Triebkraft erst bei Temperaturen über 60 Grad. Sie geben schweren Honigkuchenteigen die typische Geschmacksnote. Hier sollte der Teig, um richtig locker zu werden, vor dem Backen ein bis zwei Tage ruhen. Während Hirschhornsalz vorwiegend für flache Lebkuchen verwendet wird, bei denen der zurückbleibende Ammoniakgeruch gut entweichen kann, treibt die geruchslose Pottasche den Teig eher in die Breite als in die Höhe.

Biskuitteig
Das einzige Triebmittel hier ist **Luft**, die sich durch die Hitze des Backofens ausdehnt. Aus diesem Grund sollten Biskuits in den vorgeheizten Ofen geschoben werden, damit die oberen Poren des Teiges sich sehr schnell schließen und so die Luft im Inneren gehalten werden kann.
Ebenso sollte geschlagener **Eischnee** untergehoben und nicht mit der Maschine untergerührt werden. Bei der **Backform** nur den Boden einfetten, da das Fett am Rand herunter läuft und so den Teig daran hindert aufzugehen.
Ein Teil des Mehls kann durch **Speisestärke** ersetzt werden. **Feiner Raffinadezucker** sorgt für eine gute Schaumbildung.

Hefeteig
Während beim Mürbeteig alle Zutaten möglichst kalt sein sollten, braucht der Hefeteig **Wärme**. Das Triebmittel ist hier die Hefe. Hefepilze sind Kleinlebewesen, die bei einem optimalen Zusammenspiel von Feuchtigkeit, Wärme, Sauerstoff und »Nahrung« (Mehl und Zucker) zu wachsen beginnen. Dabei werden Alkohol und Kohlensäure freigesetzt. Kohlensäure und Kohlendioxid lockern den Teig und treiben ihn nach oben.
Für die **Grundzubereitung** Mehl in eine Schüssel schütten, in der Mitte eine kleine Mulde formen, zerkrümelte Hefe mit etwas lauwarmer Milch (oder Flüssigkeit nach Rezept) und einer Prise Zucker (oder anderes Süßungsmittel) hineingeben und daraus mit einem Viertel des Mehls einen kleine Vorteig bereiten. Zugedeckt an einem warmen Ort (bis 50 Grad) 15 – 30 Minuten gehen lassen). Mit Trockenhefe entfällt dieser erste Schritt.
Jetzt diesen Vorteig mit dem restlichen Mehl und Teigzutaten nach Rezept vermischen und gut durchkneten.
Nochmals 30 – 60 Minuten zugedeckt gären lassen und dann nach Rezept weiterverarbeiten.
Mit einer **Brotbackmaschine** ist es noch einfacher: Alle Zutaten hinein, Programm »Teig« wählen und nach rund anderthalb Stunden kann man den fertigen Hefeteig entnehmen und jetzt weiter verarbeiten, bzw. zum Backen in den Ofen schieben.

Süßungsmittel

Zucker gehört zu den Kohlenhydraten, den Energielieferanten des Körpers. Chemisch betrachtet besteht Zucker aus Kohlenstoff (C), Wasserstoff (H) und Sauerstoff (O). Die Grundsubstanz der **Kohlenhydrate** sind die Einfachzucker (Monosaccharide), Traubenzucker (Glukose) und Fruchtzucker (Fruktose). Je nachdem, wie viele und in welcher Kombination sich diese beiden Zuckermoleküle vereinigen, spricht man von Zweifach (Disacchariden), Mehrfach (Oligosacchariden, bis zu 10 Zuckermoleküle), Vielfach (Polysaccharide) oder Stärke (pflanzliche Speicherform der Kohlenhydrate) bzw. Glykogen (tierische Speicherform der Kohlenhydrate).
Mit Zucker ist üblicherweise ein aus Zuckerrohr oder Zuckerrüben extrahiertes Produkt gemeint. Der normale **Haushaltszucker** (Saccharose) gehört zu den Zweifachzuckern, bestehend aus je einem Molekül Traubenzucker und Fruchtzucker.
Rohzucker ist nichts anderes als ungereinigter weißer Zucker und enthält wie dieser außer Kalorien keine bis kaum Nährstoffe. Er hat nur ein etwas kräftigeres Aroma, bedingt durch die dünne Melasseschicht. Zum Teil wird brauner Zucker sogar mit Hilfe von künstlichen Farbstoffen aus weißem Zucker hergestellt.
Weißzucker ist die einfache Grundsorte und

wird, da er sich nicht so gut auflöst, fast nur noch industriell verarbeitet.

Raffinade als beste Qualität wird aus reiner Zuckerlösung gewonnen und wird in verschiedenen Körnungen angeboten.

Puderzucker ist staubfeine Raffinade und wird für Glasuren und zum Bestäuben verwendet.

Dekorierzucker besteht aus Puderzucker und Reisstärke und kann auf warmes Gebäck gestreut werden, ohne zu schmelzen.

Hagelzucker ist ein grobkörniger Zucker, der sich beim Backen nicht auflöst und zum Verzieren verwendet wird.

Brauner Zucker (Farin) wird aus karamellhaltigem Zuckersirup hergestellt. Meist wird er als Kandiszucker zum Süßen von Tee verwendet, Seine Karamell- und Bräunungsstoffe verstärken das Aroma und verbessern die Bräunung.

Vollrohrzucker (Sucanat/Ursüße) ist getrockneter Zuckerrohrsaft, der noch wenige Vitamine und Mineralstoffe enthält.

Melasse ist ein Nebenprodukt aus der Zuckergewinnung, wobei im Handel nur die Melasse aus der Zuckerrohrherstellung angeboten wird. Die der Zuckerrüben ist ausschließlich für Futterzwecke geeignet.

Während Melasse ein »Abfallprodukt« ist, entsteht **Rübensirup** durch Kochen der gereinigten und geschnitzelten Zuckerrüben und anschließendem Abpressen des Breies. **Apfel- und Birnendicksaft** entstehen durch langes Kochen und damit Eindicken der entsprechenden Früchte. Diese Produkte enthalten alle noch Mineralstoffe, vor allem Eisen und einige wenige Vitamine.

Honig steht, was die Mineralstoff- und Vitaminbilanz betrifft, nicht sehr viel besser als Zucker da. Er sollte im Verhältnis 2 : 3 eingesetzt werden. Das heißt 3 Teile Zucker können durch 2 Teile Honig ausgetauscht werden. Wertvolle Inhaltsstoffe des Honigs gehen beim Backen durch die Hitze verloren, daher ruhigen Gewissens billigere Sorten verwenden.

Invertzucker ist ein natürlicher Honigbestandteil. Er wird durch enzymatische Spaltung von Saccharose produziert und für die Herstellung von Kunsthonig verwendet.

Vanillezucker ist eine Mischung aus weißem Zucker und echtem geriebenem Vanillemark. Nicht zu verwechseln mit dem üblichen **Vanillinzucker,** der mit künstlichem Vanillinaroma hergestellt wird.

Zu den **Zuckeraustauschstoffen,** die im Körper insulinunabhängig und langsamer verarbeitet werden, zählen Fruchtzucker und Sorbit. Vorsicht, sie wirken in größeren Mengen abführend.

Fruchtzucker belastet den Blutzuckerspiegel kaum. Da er eine höhere Süßkraft (100 g Zucker entsprechen etwa 75 g Fruchtzucker) besitzt, sollte er geringer dosiert werden. Er bräunt intensiver und macht das Gebäck knuspriger. Die Backtemperatur also etwas niedriger halten, dafür die Backzeit verlängern.

Anders als Süßstoffe enthält Fruchtzucker genau so viel Energie wie Zucker.

Süßstoffe zum Backen zu verwenden bietet sich nicht an, da dann ein Masse gebender Teigbestandteil fehlt. Der Süßstoff Aspartam, den es auch in Pulverform gibt, ist zudem nicht hitzestabil.

Nicht zu vergessen ist eine entsprechende Reduzierung der anderen flüssigen Zutaten wenn man flüssige Süßungsmittel einsetzt.

Folgende Tabelle gibt eine Übersicht über die gängigen Süßungsmittel.

Bezeichnung	Zusammen-setzung	Herstellung aus	Energie pro 100 g in kcal	Süßkraft	Bemerkung
Haushaltszucker Saccharose	Glukose und Fruktose	Zuckerrübe und Zuckerrohr	400	100	
Brauner Zucker	Glukose und	Zuckerrübe und	400	ca. 98	Zwischenprodukt bei Herstellung von weißem Zucker
Traubenzucker Dextrose	Glukose	Mais, Kartoffeln	400	70	
Fruchtzucker Fruktose	Fruktose	Saccharose, Dahlienknollen, Zichorienwurzeln	400	100 –140	wird Insulinunabhängig abgebaut
Milchzucker Laktose	Laktose	Milchmolke	400	15	kann abführend wirken
Melasse	Glukose und Fruktose	Zuckerrohr	272	ca. 50	leicht bitterer Geschmack
Malzzucker oder Malzextrakt	Maltose und Glukose	Getreide, hauptsächlich Gerste	270	30	enthält 3,6 mg Vit B würziger Geschmack
Ahornsirup	89 % Saccharose	Ahornbaumsaft	334	89	enthält Kalium, Calcium und Niacin milder Geschmack
Honig	Glukose und Fruktose	Nektar	324	je nach Herkunft, etwa 100	
Apfeldicksaft	Fruktose (50 %), Glukose (20%),	eingedickter Apfelsaft	345	ca. 80	100 ml enthalten 22 mg Na, 804 mg Ka, 44 mg Ca, 39 mg Mg, 71 mg Ph
Birnendicksaft	Fruktose (54 %), Glukose (16 %), Saccharose (8 %)	eingedickter Birnensaft	365	ca. 75	100 ml enthalten 22 mg Na, 890 mg Ka, 52 mg Ca, 45 mg Mg, 67 mg Ph
Sorbit		Traubenzucker	390	50	
Mannit		Fruchtzucker	390	40	
Xylit		Xylose, aus Holz	390	95-110	
Cyclamat		synthetisch	keine	1 500 – 3 000	leicht bitterer Nachgeschmack
Saccharin		synthetisch	keine	30 000 – 50 000	
Acesulfam		synthetisch	keine	13 000 – 20 000	
Aspartam		natürlichen Stoffen, höherer Eiweißbaustein	keine	20 000	nicht zum Kochen und Backen geeignet

Damals und Heute: Wie Langläufer sich ernähren

Bei Langstreckenwettbewerben spielt die Ernährung eine wichtige Rolle. Magen-Darm-Beschwerden sind – neben orthopädischen Überlastungen – die häufigsten internistischen Probleme der Läuferinnen und Läufer.
Ernährung und Regulierung des Wasserhaushalts als Beitrag zur Leistungssteigerung und zur Auffüllung der Energiespeicher spielten beim Sport schon immer eine bedeutende Rolle.

Bei den **Griechen** der Antike waren die Vorschriften über die Ernährung sehr verschieden. Die Langläufer verzehrten vegetarische Kost wie getrocknete Feigen, Weizengebäck, frische Kekse und eingesäuertes Gerstenbrot. Zu Beginn des 5. Jahrhunderts v. Chr. wurde Fleisch von schnellen und ausdauernden Tieren, wie zum Beispiel von Ziegen und Rehen, zum Grundnahrungsmittel. Wichtig war auch die Reinigung des Körpers durch Schwitzen, Massage und Salbungen.

Im **19. Jahrhundert** galten Eier als Kraftnahrungsquelle. Als Getränke dienten Tee, Wein und Bier. Die Läufer der Adligen in England führten einen Stock mit sich, der am Ende eine silberfarbene metallene Kugel hatte. Diese enthielt etwas Weißwein und hartgekochte Eier.
Die Distanzmarschierer Anfang des 19. Jahrhunderts spalteten sich in Vegetarier und Fleisch- bzw. Gemischtköstler. Siege von Vegetariern bei Distanzmärschen wurden in der Presse und den vegetarischen Fachzeitschriften groß ausgeschlachtet.

Die Bedeutung der Kohlenhydrate für den Ausdauersportler wurde im **20. Jahrhundert** erkannt.
Bei den ersten Volksläufen in den 1960er Jahren gab es Traubenzucker, Tee und Salztabletten. Energiegetränk der ersten Stunde war Top Fan, ein süßer Sirup mit Elektrolyten, der mit Wasser verdünnt werden musste. In den 80er Jahren war die Saltin-Diät vor einem Marathonlauf in Mode. Drei Tage ohne Kohlenhydrate und dann die letzten drei bis vier Tage vor dem Wettkampf so viel kohlenhydrathaltige Nahrung wie möglich.

Heute weiß man, dass neben den Kohlenhydraten auch Eiweiße und Fette, hier vor allem die ungesättigten und die Linolsäure, wichtig sind. Die Hauptsache beim Essen ist und bleibt aber der Geschmack. Auch wenn etwas noch so gut und gesund sein soll, solange es einem nicht behagt, wird es auch nicht die erhoffte Wirkung zeigen. Gesund und einfach muss aber nicht geschmacklos bedeuten. Sie werden es erfahren, wenn Sie die die Rezepte dieses Buches versuchen.

Was bedeutet gesunde bzw. leistungsfördernde Ernährung?

Kurz und knapp formuliert: Je einfacher, also weniger verarbeitet ein Lebensmittel ist, umso nährstoffreicher und damit auch ›gesünder‹ ist es. Wobei eigentlich eine Unterscheidung in ›gesunde‹ und ›ungesunde‹ Lebensmittel nicht möglich ist. Sicher sind Pellkartoffeln besser als

Chips, Rohmilch sinnvoller als H-Milch, Vollkornbrot gehaltvoller als Toastbrot.
Allerdings muss man hier nach den **individuellen Gegebenheiten** und der aktuellen gesundheitlichen Situation des Einzelnen urteilen. Wer unter bestimmten Darmerkrankungen leidet, kann sich nicht mit Vollwertkost ernähren. Vor einen Wettkampf vertragen die meisten Weißbrot besser als Vollkornprodukte. Während eines langen Laufes kann Cola gegen Ende sehr hilfreich sein. Bei Kummer ist ein Stück Schokolade manchmal recht tröstend.
Womit wir bei der **Menge** wären. Ein Stück ist in Ordnung, eine ganze Tafel Schokolade dann schon wieder ›ungesund‹. Es kommt also sehr auf eine ausgewogene Ernährung an, von jedem etwas.
Allerdings sollte die Basis, also das, wovon man viel zu sich nehmen sollte, aus Obst, Gemüse und Getreideprodukten bestehen (bis zu 60 %). Die zweite Etage bilden dann mit ca. 15 % Milchprodukte. Fleisch, Fisch und Eier sollten etwa 15 % der täglichen Ernährung ausmachen. Fette und Öle sind meist versteckt in tierischen Produkten enthalten.
Mehr als 10 – 15 % der täglichen Energieaufnahme sollten die Fettkalorien nicht überschreiten. Dabei ist auf hochwertige Fette, wie pflanzliche Öle zu achten. Gehärtete Fette sind möglichst zu meiden.
Die Spitze der Ernährungspyramide bilden dann Süßigkeiten, Snacks und Genussmittel. Sie sind eigentlich nicht lebensnotwendig.
Ein dritter Grundsatz betrifft die **Jahreszeit** und den Transport. Erdbeeren im Dezember müssen nicht sein. Obst und Gemüse aus heimischen Gebieten zu der Zeit, zu der sie reifen, sind meist am nährstoffreichsten. Tiefkühlkost ist hier eine Ausnahme.
Qualität – und damit Nährstoffreichtum – ist die Hauptsache bei der leistungsfördernden Ernährung. Da aber nicht immer ausreichend Zeit zum ›frischen‹ Kochen vorhanden ist, wird auch in diesem Kochbuch auf Fertigwaren zurückgegriffen. Jeder kann beliebig die Fertigprodukte gegen frischen Produkten austauschen.
Nach dem Grundsatz einzukaufen: Einfach (gleich so wenig verarbeitet wie nötig), ausgewogen (also von jedem etwas) und möglichst der Jahreszeit entsprechend aus heimischen Gefilden, legt die Grundlage für eine gute Ernährung.
Falls Sie einen Garten besitzen, brauchen Sie nicht alles einzukaufen. Ich habe in unserem Garten das ›Unkrautjäten‹ mit Essen sammeln verbunden: Löwenzahnsalat ist eine wunderbare Delikatesse, Gänseblümchen und Kapuzinerkresse sind der Farbtupfer auf einem Salat, eine Brennnesselsuppe schmeckt köstlich. Wildgemüse, Wildkräuter und Wildbeeren sind meist nährstoffreicher als Kulturpflanzen. Brom- und Holunderbeeren lassen sich im Spätsommer wunderbar zu Marmeladen verarbeiten. Also schauen sie beim nächsten Training mal nach rechts und links, wo es sich gut ›ernten‹ lässt.

1. Kuchen, Waffeln, Torten ohne Backen

Kuchen

Süßer Kartoffelkuchen

6 Eigelb mit 150 g Zucker
schaumig rühren

100 g geriebene Mandeln
etwas Amaretto oder Bittermandelöl
1 Spritzer Zitronensaft
1/2 Päckchen Vanillepuddingpulver
500 g gekochte, zu Brei gestampfte Kartoffeln
(mehlig kochend, als Pellkartoffeln gekocht)
nach und nach unterrühren.

Eiklar
zu steifen Schnee schlagen,
vorsichtig unterheben.
Teig in Springform (24 cm)
bei 175 Grad 70 – 80 min backen.

Espressokuchen

6 Eigelb
200 g Zucker
schaumig rühren
3 EL Instant-Espressokaffeepulver in
6 EL Wasser
auflösen und dazugeben

100 g Speisestärke
1/2 Backpulver
100 g gemahlene Mandeln
50 g gehackte Walnüsse
50 g Sultaninen
50 g gestückelte getrocknete Pflaumen
50 g geriebenen Zartbitterschokolade
unter die Eigelbmischung rühren

6 steif geschlagene Eiweiß
unterheben.

In Springform bei 175 Grad
40 – 45 min backen.

Süßer Kartoffelkuchen

Pflaumenkuchen mit Vanille-Zimt-Guss

Hefeteig:

(500 g Mehl, 60 g Zucker, 200 ml Milch, 1 Ei, 1 Eigelb, 50 g Butter, 3 EL Rum, 1 Pr. Salz, 1 Trockenhefe)

Zubereitung mit frischer Hefe:

20 g frische Hefe und
60 g Zucker in
200 ml lauwarmer Milch
auflösen
100 g Mehl
dazu und
abgedeckt 20 min gehen lassen.
400 g Mehl
1 Prise Salz
1 Ei
1 Eigelb
50 g Butter
3 EL Rum
dazu, verkneten,
30 min abgedeckt gehen lassen

Teig auf Backblech ausrollen,
10 min gehen lassen.
1,5 kg Pflaumen
entsteinen und dachziegelartig
in den Teig drücken.
Zunächst bei 190 Grad
25 min backen.

50 g Crème fraîche (oder Schmand)
50 ml Schlagsahne
verrühren

1 Eigelb
15 g Puderzucker,1 Vanillezucker, 1/2 TL Zimt,
1 EL brauner Rum
30 g gehackte geröstete Mandeln
dazugeben
Diesen Guss jetzt über den Kuchen verteilen und
weitere 10 – 15 min backen.

Dazu passt geschlagene Zimtsahne.

Sauerkirschkuchen

75 g Butter/Margarine
50 g brauner Zucker
etwas Vanillearoma
schaumig rühren
75 g feine Haferflocken
75 g Weizenvollkornmehl
1 TL Backpulver
2 Eier
dazumischen,
in Springform (20 cm Durchmesser) streichen,
1 kl. Glas abgetropfte Sauerkirschen
auf den Teig verteilen,
25 g gehackte oder gehobelte Mandeln
überstreuen.

Bei 210 Grad ca. 20 – 25 min backen.

Apfelkuchen mit Guss

200 g Magerquark
100 g Zucker
1 Vanillezucker
1 Prise Salz
verrühren
6 EL Milch
1/8 l Öl
nach und nach zugeben
500 g Mehl
1 Backpulver
unterarbeiten und zu Teig
verkneten,
Teig ausrollen und belegen mit
1,5 kg in Scheiben und
mit Zitronensaft beträufelte Äpfel,
100 g Rosinen
Zimt-Zucker
überstreuen
25 min bei 200 Grad backen

Guss:

250 g Magerquark
100 g Zucker
3 Eier
150 g Saure Sahne
1 EL brauner Rum
glatt rühren und Kuchen damit überziehen,
nochmals 20 min bei 200 Grad backen.

Obstkuchen mit Eierguss

100 g Schichtkäse oder Speisequark
(10 – 20 %)
60 g Kandiszucker
3 EL Öl
1 Ei
1 Prise Salz
250 g Weizenmehl
verkneten und 1 Stunde kalt stellen.
Teig auf Backblech ausrollen und mit
Obst
belegen.
Bei 20 Grad 15 min vorbacken.

Guss:

4 Eigelb
100 g Honig
250 g Saure Sahne
1 Spritzer Zitronensaft
verrühren.
Steif geschlagenes Eiweiß unterheben
und Guss auf den Kuchen verteilen

Weitere 25 – 30 min backen, bis er eine
goldgelbe Oberfläche hat.

Spiegeleikuchen

Biskuitteig herstellen und auf Backblech ausstreichen:

5 Eigelb mit 10 EL warmem Wasser
schaumig schlagen,

100 g Honig oder Zucker
dazumixen

200 g Weizen(vollkorn)mehl und
5 steif geschlagene Eiweiß
vorsichtig unterheben

1 l Milch
6 EL Zucker
2 Päckchen Vanillepuddingpulver

Flammeri (»Pudding«) herstellen und abkühlen lassen.

450 g Saure Sahne oder Schmand
unterrühren.

Auf vorgebackenen Teig streichen und im Backofen 15 min bei 150 Grad stocken lassen.

1 Dose abgetropfte Aprikosen (Pfirsiche)
mit der Wölbung nach oben auf den Kuchen verteilen

1/2 l aufgefangenen Saft
2 Päckchen klaren Tortenguss

Spiegeleikuchen

Möhren-Gewürzkuchen

200 g abgekühlte, geriebene Pellkartoffeln
200 g geraspelte Möhren
200 g Mehl
2 TL Backpulver
verrühren

4 Eigelb
60 g Margarine
80 g Honig
1 EL Zitronensaft
1 TL Zimt
1/2 Tl gemahlenen Nelken
1/2 Tl gemahlenen Kardamom
1 Prise Muskat
verrühren und Mehlmischung unterrühren

4 mit etwas Salz steif geschlagenen Eiweiß
unterheben

Teig auf ein mit Backpapier ausgelegtes Backblech streichen

Bei 180 Grad 50 min backen

In Rauten schneiden und mit Puderzucker bestäuben.

Möhren-Gewürzkuchen

Reiskuchen

200 g gekochter Reis
2 EL geschmolzene Butter
2 schaumig geschlagene Eier
250 g Joghurt
verrühren

200 g Mehl
1 TL Backpulver
2 EL Zucker
etwas Salz
dazugeben und alles glatt rühren.

Die Masse auf ein gefettetes Backblech streichen und
bei ca. 180 Grad gar backen mit leichter
bei 175 Grad 70 – 80 min backen.

Kleine Möhrentorte

4 – 5 Eigelb
150 g Honig (kann auch ganz oder teilweise durch Zucker ersetzt werden)
schaumig rühren

150 g geraspelte Möhren
100 g gemahlene Haselnüsse oder Mandeln
2 EL Mehl
1 TL Backpulver
1 Prise Nelkenpulver
1 Prise Zimt
1 Spritzer Zitronensaft
dazu

Steif geschlagenes Eiweiß
unterheben

In Springform bei 200 Grad
40 min backen.

Eventuell glasieren (Puderzucker und Wasser/Amaretto)
oder mit Marzipanmöhren verzieren.

Gebackener Käsekuchen ohne Boden

6 Eiweiß mit 1 Prise Salz
steif schlagen
6 Eigelb
1 kg Magerquark
300 g Zucker
2 Päckchen Vanillepudding
verrühren, steif geschlagenes Eiweiß unterheben.
Nach Belieben Mandelstifte,
Kirschen, Pflaumen o. Ä. noch dazu,
in gefettete Backform einfüllen
bei 175 Grad ca. 1 Stunde backen.
Evtl. abdecken, falls Oberfläche zu braun wird

Nusstorte

6 Eigelb
200 g Zucker (Fruchtzucker oder zur Hälfte Honig)
schaumig rühren
200 g gemahlene Nüsse (Haselnüsse oder Mandeln)
50 g Weizenmehl
2 TL Backpulver
dazurühren
6 mit etwas Salz und Zitronensaft steif geschlagene Eiweiß
unterheben
bei 180 Grad 25 – 30 min in Springform als Tortenboden backen.
Nach dem Erkalten belegen, z. B. mit Bananensahne, Vanillequark.

Sojakuchen

250 g rohe Sojabohnen
über Nacht einweichen und dann
1 Stunde lang kochen

100 g Rosinen
über Nacht in Rum oder Amaretto einweichen

5 Eiweiß mit 1 Prise Salz
steif schlagen

5 Eigelb
250 g Fruchtzucker (oder 300 g Rohrzucker)
1 Vanillezucker
1 TL Zimt
etwas Zitronensaft
schaumig rühren

Sojabohnen pürieren und
unter die Eigelbmasse rühren

80 g Speisestärke oder 100 g Dinkelmehl
1 Backpulver
100 g geriebene Mandeln
hinzufügen

Rosinen und Eiweiß unterheben

In Kastenform bei 175 Grad
ca. 1 Stunde backen.

Waffeln

Waffeln können aus Eierkuchen, Rühr- und Hefeteig hergestellt werden. Wird zum Anrühren des Teiges Wasser verwendet, werden die Waffeln knuspriger, Milch macht sie weicher, Buttermilch saftig.

Buttermilch-Waffeln

2 Eier
50 g Zucker
1 Prise Salz
cremig schlagen

125 g Mehl
200 ml Buttermilch
unterrühren

1 EL geschmolzene Butter
dazurühren

15 min quellen lassen und wie gewohnt Waffeln backen.

Buttermilch-Möhren-Waffeln

200 g fein geraspelte Möhren
300 g Mehl
250 ml Buttermilch
75 g brauner Zucker
1 Vanillezucker
vermischen
2 Eigelb
darunter rühren

2 mit Salz steif geschlagene Eiweiß
unterheben

Waffeln wie gewohnt backen.

Buttermilch-Möhren-Waffeln

Ölwaffeln

100 ml Öl
100 g Zucker
1 Vanillezucker
3 Eier
schaumig rühren

150 g Mehl
1 Prise Salz
dazurühren

Teig einige min stehen lassen
und Waffeln backen.

Dazu
Obst und
Frischkäse-Creme:
unter 125 g Quark oder
Frischkäse
0,2 l steif geschlagene
Sahne
unterheben.

Kartoffel-Waffeln (pikant)

50 g Butter
4 Eier
cremig rühren
375 g Magerquark
150 g Mehl
1 – 2 TL Salz
750 g gekochte abgekühlte durchgepresste
Kartoffeln
unterrühren

Wie gewohnt Waffeln backen.
Dazu passt z. B. Kräuterquark und Salat.

Kartoffel-Waffeln

Sauerrahm-Waffeln

5 Eier
60 g Zucker
1 Prise Salz
schaumig schlagen

80 g Mehl
150 g Saure Sahne
1 Prise gemahlenen Ingwer
darunter rühren

1 EL geschmolzene Butter
dazurühren

15 min quellen lassen und
wie gewohnt Waffeln backen.

Kardamomwaffeln

60 g Butter
1 Eigelb
1 EL Zucker
1/2 TL Kardamom
1 Prise Salz
schaumig schlagen

1 mit 10 g Zucker steif geschlagenes Eiweiß
darunter heben

60 g Mehl
100 g Sahnequark
darunter ziehen

Waffeln wie gewohnt backen.

Torten ohne Backen

Schokokuss-Torten

Von
12 Schokoküssen die Waffeln
abtrennen.
Das Innere mit
250 g Quark (Fettgehaltstufe nach Belieben)
150 g Saure Sahne (Schmand)
1 TL Zitronensaft
verrühren

500 ml Sahne
3 Päckchen Sahnesteif
25 g Zucker
steif schlagen, 1/2 davon abnehmen.

Den Rest unter die Quarkcreme rühren.
1 doppelten Biskuitboden (Wiener Boden), hell oder dunkel
mit
Dosenfrüchten (abgetropft) wie Schattenmorellen, Mandarinen, Ananas oder frischen Bananenscheiben
belegen.
(12 Früchte für die Garnierung zurückbehalten)
2/3 der Creme über die Früchte geben.
Oberen Teigboden auflegen.
Mit der restlichen Creme überziehen.

Aus dem Rest Sahne 12 Tupfen auf die Oberfläche spitzen, Waffelböden schräg draufsetzen und mit restlichen Früchten garnieren.

Torte ca. 1 Stunde kalt stellen.

Spekulatius-Frischkäse-Torte

200 g Gewürz-Spekulatius
in einen Gefrierbeutel füllen, verschließen und mit einer Teigrolle fein zerbröseln

100 g Zartbitter-Schokolade
40 g Butter
im Wasserbad schmelzen und
mit den zerbröselten Keksen verrühren.

Auf einen leicht geölten Tortenboden (Ø 26 cm) verteilen

400 g Doppelrahm-Frischkäse
500 g Vollmilch-Joghurt
150 g Zucker
1 Vanillin-Zucker
2 EL Zitronensaft
verrühren

9 Blatt weiße Gelatine
einweichen und bei milder Hitze auflösen

Erst in 4 EL der Käsecreme einrühren,
dann unter die übrige Creme rühren.

Ca. 10 min bis zum Gelieren kaltstellen.

250 g Schlagsahne
steif schlagen und unter die Creme heben.

Auf den Spekulatius-Boden streichen und mind. 4 Stunden kalt stellen.
Den Tortenrand mit Mini-Spekulatius verzieren (Rückseite der Kekse mit erwärmter Konfitüre bestreichen).

Philadelphia-
(= Frischkäse-) Torten

Grundcreme:

200 g Frischkäse
150 g Joghurt
2 EL Zucker
1 EL Zitronensaft
1 Sahnesteif (am Ende)
verrühren

Creme auf kleinen fertig gekauften Biskuit oder Mürbeteigboden (Tortenring o. Ä. umlegen) schichten
1 Stunde kalt stellen

Variationen:

- Obst (frisch oder Dose) unter die Creme heben:

Ananas mit Kokosraspel
garnieren
oder
Erd- oder Himbeeren, 1 Riegel geraspelte Schokolade
dazugeben
oder
Kiwis mit gerösteten Mandelblättchen
garnieren

- 1 EL Capuccinopulver unterrühren:

Boden mit
Kaffee-Amaretto-Mischung
leicht tränken.
Nach einer Cremeschicht mit Kaffee-Amaretto-Mischung getränkte
Löffelbiskuits
auflegen und
mit einer weiteren Cremeschicht abdecken.
Mit
Kakao oder Schoko-Cappuccinopulver
bestreuen.

Philadelphia-Torte mit Himbeeren

Tiramisuvariation

Schüssel mit
Löffelbiskuits
auslegen

Kaffee (löslichen) mit Amaretto
vermischen und Löffelbiskuits damit etwas tränken

500 g Quark (10 – 40 %)
2 – 4 Eigelb
1 Vanillezucker
je nach gewünschter Süße
bis zu 100 g Zucker
etwas Zitronensaft
verrühren und eine Schicht auf Löffelbiskuits streichen.

Mit
Bananenscheiben oder Schattenmorellen
belegen

Wieder eine Schicht Quarkcreme, diese mit einer Lage
Löffelbiskuits belegen,
mit Kaffeemischung tränken und
mit einer Schicht Quarkcreme abschließen.

Noch einmal mit Kaffeemischung tränken und mit Kakao oder Schoko-Cappuccinopulver bestreuen.

Mindestens 2 – 3 Stunden kühl stellen.

Tiramisu mit Schattenmorellen

Birgit Lennartz über: Schokolade

Warum macht Schokolade glücklich?

Um 1520 mischten die Spanier die Kakaomasse der Azteken mit Zucker und erfanden somit die Schokolade, die anfangs nur als Getränk genossen wurde. Die »Speise der Götter«, wie die Maya die Schokolade (altmexikanisch: »xocolatl« von »Xoco« – bitter und »atl«- Wasser) nannten, hat im Winter Hochkonjunktur. Aber Schokolade gilt allgemein als ungesund. Dabei hat sie eine Reihe guter Inhaltsstoffe und Eigenschaften. Sie enthält relativ viel Eisen, die Mineralstoffe Kalium, Magnesium und Kalzium, Catechine, die als Radikalenfänger wirken können und etwas anregendes Koffein.

Schon im 17. und 18. Jahrhundert wurden ihr »therapeutische« Wirkungen nachgesagt So schrieb Alexander von Humboldt: »Kein zweites Mal hat die Natur eine solche Fülle der wertvollsten Nährstoffe auf einem so kleinen Raum zusammengedrängt wie gerade bei der Kakaobohne. Wer eine Tasse Schokolade getrunken, der hält den ganzen Tag auf der Reise aus«. Schokolade wurde also anfangs vorwiegend als Getränk genossen. Erste Schmelzschokolade und Schokoladentafeln im heutigen Sinne stelle Ende des 19. Jahrhunderts der Schweizer Rudolph Lindt.

Anfänglich war Schokolade in Deutschland als Arznei- und Stärkungsmittel unter dem Namen »choccolata indica« in der Apotheke erhältlich. Heute weiß man, dass die in der Schokolade enthaltenen Pflanzenwirkstoffe der Flavonoide die Fließfähigkeit des Blutes erhöhen und damit die Gefäße schützen. Hiefür reichen aber schon 25 Gramm des Kakaoproduktes aus.

Viele Schokoladen-Anhänger schwören bis heute auf die »Nervennahrung« Schokolade. Das in ihr enthaltenen Theobromin und Koffein hat eine leicht anregende Wirkung. Warum aber macht Schokolade glücklich? Wir sind glücklich, wenn die Chemie im Gehirn stimmt, wenn also bestimmte Botenstoffe vorhanden sind. Dazu zählt zum Beispiel das Serotonin, das für Ruhe und Harmonie sorgt. Er ist der einzige Botenstoff, der über die Nahrung beeinflussbar ist. Zwar sorgen auch viele Alltagsdrogen wie Kaffee, Nikotin, Alkohol bis hin zu Kokain und Heroin für rauschähnliche Zustände, doch ist hier eine Gewöhnung und Dosiserhöhung nötig.

Die mächtigste kohlehydrathaltige Hirndroge ist der Zucker. Kohlenhydrate sorgen nämlich dafür, dass eine Vorstufe des Serotonins, die Aminosäure Trypthopan ins Gehirn gelangt. Schokolade enthält viel Trypthophan, den Eiweißbaustein, der zur Bildung von Serotonin benötigt wird. Das Fett hilft zusätzlich das Trypthophan freizusetzen. Dieses kann dann vom Blut ins Gehirn gelangen, wenn zugleich Kohlenhydrate und damit Insulin ins Blut gelangen.

Aber nicht nur Schokolade setzt die Reaktion »Tryptophan + Kohlenhydrate = mehr Serotonin« in Gang, Nudeln, Bananen und Reis haben den gleichen Effekt.

Sind darum Läufer glücklicher? Zum einen die positiven Auswirkungen auf die Psyche durch das Laufen und dann noch viel Gute-Laune-Nahrungsmittel mit Bananen und Nudeln. Das Stück Schokolade zusätzlich hebt beim Läufer nur die Stimmung und nicht auch das Gewicht, solange der Dauerlauf nicht durch Schokolade ersetzt wird.

100 g feine Bitter-Schokolade enthält:

6 g Eiweiß, 27 g Fett, 54 g Kohlenhydrate,

9g Ballaststoffe,

400 mg Kalium, 300 mg Magnesium,

280 mg Phosphor, 100 mg Kalzium,

12 mg Natrium, 3 mg Eisen,

Vitamine B1, B2, B5, B6, E, Panthothensäure,

Folsäure, Beta-Carotin,

500 mg Theobromin und 68 mg Koffein.

2. MUFFINS

Die ursprüngliche, aus Englang stammende Form der Muffins wird aus Hefeteig hergestellt. Amerikanische Muffins sind aus Rührteig, bei dem als Fett meist Öl verwendet wird.
Zuerst werden die festen und flüssigen Zutaten getrennt vermischt und dann erst miteinander verrührt. Damit nichts überläuft, die kleinen Backformen nur zu etwa zwei Drittel füllen.

Süße Muffins

Grundrezept:

240 g Mehl
2 TL Backpulver, 1/2 TL Natron,
1/2 TL Salz
80 g Zucker (alternativ Honig, Fruchtzucker, oder andere Süßungsmittel)
mischen

80 ml Öl (je nach Gusto: Walnussöl, Sesamöl, Pflanzenöl ...)
2 Eier
200 g Joghurt(alternativ Buttermilch, Quark, Saure Sahne, Schmand, Crème fraîche, Frischkäse)
verrühren und mit den trockenen Zutaten vermengen

Dazu je nach Geschmack:
Kakaopulver, Instant-Kaffee-Pulver, Capuccino-Pulver, Amaretto, Zimt, Kardamom,
Trockenfrüchte, Nüsse, Kokosflocken, gehackte Schokolade ...
Obst: Äpfel, Bananen, Kirschen, Aprikosen ...

Teig in Muffin-Formen füllen und bei 175 Grad etwa 20 – 30 min backen.

Nach dem Abkühlen eventuell mit
Zuckerguss, Kuvertüre, Nüssen usw.
verzieren.

Extra-Rezepte für Süße Muffins:

Apfel-Muffins (ohne Fett)

250 g Weizenvollkornmehl
60 g geröstete Weizenkeime
1 TL Backpulver
60 g Fruchtzucker
1 TL Zimt
vermengen

125 g Rosinen (eventuell vorher in Rum eingeweicht)
150 g grob geschnittene Äpfel
dazu

30 g Apfeldicksaft
100 ml Milch
1 steif geschlagenes Eiweiß
vermengen und
mit den trockenen Zutaten vermischen

In Muffinformen und bei 175 Grad in 20 – 25 min backen.

Cappuccino-Muffins

250 g Weizenmehl
100 g gehackte Cappuccino-Schokolade
3 TL Backpulver
1/2 TL Natron
vermengen

1 Ei
120 g Zucker
80 ml Öl
300 ml Buttermilch
100 ml starker Kaffee
verrühren und mit der Mehlmischung vermischen

In Muffinförmchen bei 180 Grad 20 – 25 min backen

Mit Schlagsahne und Mokkabohnen oder Schokostückchen verzieren.

Bananen-Schoko-Muffins

250 g Weizen- oder Dinkelmehl
80 g gehackte Schokolade
2 EL Kakaopulver
3 TL Backpulver
1/2 TLNatron
vermengen

1 Ei
2 Bananen
120 g flüssiger Honig
80 ml Pflanzenöl
200 g Saure Sahne
verrühren und mit der Mehlmischung vermischen

Bei 170 Grad 20 – 25 min backen

Mit
geschmolzener Kuvertüre
(hell und/oder dunkel)
verzieren.

Möhren-Dattel-Muffins

150 g Mehl
100 g gemahlenen Mandeln
80 g Zucker
1 Vanillezucker
2 TL Backpulver, 1/2 TL Natron,
1/2 TL Salz
etwas Zimt
mischen

80 ml Öl (je nach Gusto: Walnussöl, Sesamöl, Pflanzenöl ...)
2 Eier
200 g Quark
verrühren und mit den trockenen Zutaten vermengen

300 g geraspelte Möhren
100 g klein geschnittene Datteln
unter den Teig heben,
in Förmchen füllen

Bei 25 – 30 min bei 180 Grad backen.

Orangen-Cranberry-Muffins

320 g Mehl
3 TL Backpulver
1 TL Natron
geriebenen Orangenschale
mischen
1 Ei
2 EL Milch
120 g Zucker
schaumig rühren

250 ml Orangensaft
100 g zerlassene Butter
dazugeben

100 g getrocknete Cranberries
50 g Mandelblättchen
unter die Mehlmischung unterheben

Teig in Muffinförmchen

Bei 180 Grad 20 – 25 min backen.

150 g Aprikosenmarmelade mit 2 cl Cointreau
erwärmen und die Muffins damit aprikotieren (= bestreichen).

Orangen-Muffins (ohne Fett)

250 g Haferflocken
125 g Weizenvollkornmehl
60 g geröstete Weizenkeime
3 TL Backpulver
1 Prise Pfeffer
1 Prise gem. Nelken
1/2 TL Zimt
3 EL Fruchtzucker
vermengen

200 g Rosinen
dazu

3 Eiweiß (steif geschlagen) oder 2 Eier
125 ml Orangensaft
125 ml/g Sahne oder Kefir
mit den trockenen Zutaten gut durchmischen.
In Muffinformen füllen

Bei 175 Grad in 20 – 25 min goldbraun backen.

Frühstücks-Muffins

450 g Magerquark
1 Ei
8 EL Milch
8 EL Öl
100 g Zucker
1 Vanille-Zucker
1 Prise Salz
verrühren

500 g Mehl
1 Backpulver
dazu

Dazu nach Belieben
100 g Rosinen oder gehackte Mandeln
unter eine Hälfte des Teiges mischen.

Teig zu jeweils einem Strang rollen, davon Stücke abschneiden und als Kugel gerollt in Muffin-Form geben

Bei 175 °C ca. 25 min backen.

Orangen-Muffins

Frühstücks-Muffins

Marzipan-Frischkäse-Muffins

Grundteig zubereiten mit zusätzlich
1 TL Zimt, 2 EL Kakaopulver und etwas Amaretto oder Bittermandelöl.

Füllung aus
100 g Frischkäse, 150 g Marzipan-Rohmasse, 40 g gemahlenen Mandeln,
die in einem Topf unter Rühren erwärmt und vermischt wurden.

Die Muffinform zur Hälfte mit Teig füllen, darauf etwas von der Füllung und mit Teig bedecken.

Marzipan-Frischkäse-Muffins

Mais Muffins (S. 39)

Ananas-Mandel-Muffin

3 Eier
schaumig schlagen

150 g Joghurt
etwas Zitronenschale/-aroma/-zucker
125 g Zucker
1 Vanillezucker
3 EL Öl
dazu

150 g Mehl
2 TL Backpulver
100 g geriebene Mandeln
unterrühren

Teig in Muffinformen füllen und
200 g Ananasstücke
darauf verteilen und etwas eindrücken.
(oder zuvor unter den Teig heben)

20 min bei 200 Grad backen.

Guss:

2 EL Ananassaft mit 150 g Puderzucker

Pikante Muffins

240 g Mehl
2 TL Backpulver
1/2 TL Natron,
1 TL Salz
1 Prise Zucker
mischen

75 g Butter
2 Eier
200 g Joghurt (alternativ Buttermilch, Quark, Saure Sahne, Schmand, Crème fraîche, Frischkäse)
verrühren
und mit den trockenen Zutaten verrühren

Dazu je nach Geschmack
- **vorher angebratene und gewürzte: Zwiebeln, Speck, Kartoffeln, Pilze**
- **Röstzwiebeln, Mais, Brokkoli, weitere Gemüsesorten**
- **Kräuter, weitere Gewürze passend zu den sonstigen Zutaten.**

Teig in Muffin-Formen füllen

Bei 175 Grad etwa 20 – 30 min backen.

Mais-Muffins (fettarm)

(Foto S. 37)

250 g Maismehl
200 g Weizenvollkornmehl
4 TL Backpulver
2 EL Fruchtzucker
mischen

2 leicht angeschlagene Eiweiß
3/8 l Milch
1 TL Sojasauce
mit den trockenen Zutaten verrühren

1 Dose Mais
unterheben

In Muffin-Formen bei 175 Grad
20 – 25 min backen.

3. Süsse Brote, „Kuchenbrote“

Bananenbrot mit Weizenkeimen

2 Eier
600 g pürierte Bananen
100 g Fruchtzucker
vermengen

300 g Weizenvollkornmehl
100 g geröstete Weizenkeime
1 TL Backpulver
1 TL Natron
1 TL Zimt
dazu

Nach Belieben noch
Rosinen, Mandel, Haselnüsse, Walnüsse
hinzufügen

In Kastenform 60 – 75 min
bei 175 Grad backen.

Bananenbrot
mit Weizenkeimen

Bananen-Nuss-Brot/ -Kuchen

3 Eigelb
200 g Honig (anderes Süßungsmittel)
1 Vanillezucker
schaumig rühren

3 pürierte Bananen
(mit etwas Zitronensaft beträufelt)
dazu

3 mit Salz steif geschlagene Eiweiß
250 g Weizenmehl
1 TL Backpulver
100 g gehobelte geröstete Haselnüsse
unterheben

In eine gefettete und mit gemahlenen Haselnüssen ausgestreute Kastenbackform bei 180 Grad 65 – 75 min backen

Für Bananen-Mandel-Kuchen:

Haselnüsse durch
Mandelblättchen
ersetzen,
Teig mit
Zimt und Nelken
würzen

Für Bananen-Nuss-Brot:

Weizenmehl durch
Roggenmehl
ersetzen und zusätzlich
50 g Hafermehl, 2 – 3 EL Sahne (süß oder saure), insgesamt 2TL Backpulver

Vollkorn-Rosinenbrot ohne Fett

450 g Weizenvollkornmehl
200 g geröstete Weizenkeime
1 Tl Backpulver
1 TL Natron
1 TL Zimt
1 EL Fruchtzucker
vermengen

2 Eiweiß (leicht angeschlagen)
oder 1 Ei und 1 Eiweiß
250 ml Milch
dazugebenund verrühren

250 g Rosinen
unterheben

In Backform bei 175 Grad 50 – 60 min backen.

Honigkuchen

250 g Honig oder Sirup
125 g Zucker
1 Prise Salz
erwärmen und kalt stellen

500 g Mehl
1 Backpulver, etwas Natron
1 Vanillezucker
1 Ei
1 – 2 EL Öl oder etwas Butter
1/8 l Milch
nach Belieben Rum, gehackte Mandeln, Rosinen, Honigkuchengewürz
dazu

In Kastenform etwa 50 min bei 175 Grad backen.

Kernig-krosses Nussbrot

400 g Mehl (Weizen, Dinkel)
80 g Hirsekörner
50 g Rohrzucker
1 TL Salz
1 Backpulver
1 Prise Lebkuchengewürz o. Ä.
vermengen

1 Ei
1 Spritzer Zitronensaft
200 ml Bier/Rotwein
mit Mehlmischung verkneten

Eventuell etwas Wasser oder Milch dazu, falls Teig zu trocken

200 g gehackte Haselnüsse
untermischen und in Kastenform füllen

4 EL Sahne
1 EL Zuckerrübensirup
verrühren, Kuchen damit bestreichen

Bei 170 °C etwa 1 Stunde backen

Ein Teil des Mehls kann auch durch gemahlene Haselnüsse ersetzt werden

Statt gehackter Haselnüsse
gehackte Mandeln und dann noch einen Schuss Amaretto
dazu.

Rosinenstuten mit Magerquark

500 g Mehl
1 Trockenhefe
2 EL Zucker oder Honig
1 Prise Salz
vermischen
1/2 l warme Milch
2 EL Butter (in der Milch schmelzen)
125 g Quark
mit den trockenen Zutaten
mind. 5 min verkneten

Teig zugedeckt bei warmer Zimmertemperatur etwa 1 Stunde gehen lassen.

100 g Rum-Rosinen
untermischen.

Teig in Kastenform füllen und weitere 20 min gehen lassen.

Bei 160 Grad etwa 60 min backen,

10 min in Form ruhen lassen, auf Kuchengitter stürzen.

Den warmen Stuten mit einer Glasur aus
2 TL Honig, 1 TL Butter
in
1 EL warmem Orangensaft
aufgelöst bestreichen.

Rosinenstuten mit Magerquark

Saftiger Früchtekuchen

4 Eier
150 g Honig
1 Vanillezucker, 1 Zitronenzucker
cremig aufschlagen

300 g Weizenvollkornmehl
1 Backpulver
200 g Früchtemüsli (trocken)
50 g Rosinen
unter die cremige Masse rühren

400 g Bananen
2 Äpfel
1 Pfirsich
200 g Kirschen
200 g Ananaswürfel
(Es sollten insgesamt 1100 g Obst werden.
Man kann also je nach Geschmack variieren.)
klein schneiden und unter den Teig rühren

In Backform füllen

Bei 175 Grad etwa 70 min backen.

Saftiger Früchtekuchen

Gefüllter Hefekranz

Hefeteig aus
500 g Mehl, 1 Trockenhefe, 50 g Zucker (Honig), 1/8 l Milch, 1 Ei, 30 g Butter

Teig ausrollen, mit Füllung (siehe unten) bestreichen (am Rand ca. 1 cm frei lassen), aufrollen.

Bei 160 Grad etwa 40 min backen.

Haselnussfüllung:

200 g gemahlene Haselnüsse
50 g gehackte Haselnüsse
1 Vanillezucker
150 g Honig
2 Eier
3 EL süße Sahne
30 g Butter

Nach dem Füllen und Aufrollen die Rolle längs einmal durchschneiden und die beiden Teigstränge
spiralförmig um sich selber drehen.

Den fertig gebackenen Hefezopf nach 10 min mit einer erwärmten Mischung aus
80 g Honig, 6 EL Sahne, 25 g Butter
bestreichen.

Walnuss-Quark-Füllung:

200 g Quark
1 TL Öl (Walnussöl)
100 g gehackte Walnüsse
etwas Zitronensaft
50 g Honig

Als Halbmond auf Backblech.
Nach dem Backen mit
Kondensmilch und gehackten Walnüssen
bestreichen

Pflaumenfüllung:

200 g gewürfelte Trockenpflaumen
100 g gemahlene Haselnüsse
100 g Zucker (Honig, Sirup)
100 g Haferflocken
1 TL Zimt
1 Ei
1 Eiweiß
75 ml Rum oder Milch

Vor dem Backen mit
in Milch verquirlten Eigelb
bestreichen.

Hefekuchen mit Trockenobst

250 g getrocknete, klein gewürfelte Früchte
250 g Zitronat und Orangeat gemischt
300 ml heller Traubensaft
ca. 1 Std. einweichen

400 g Dinkelvollkornmehl
1 Trockenhefe
2 EL Zucker
1 Prise Salz
1/2 TL Zimt
1/2 TL gem. Nelken
1/2 TL Ingwer
vermischen

Eingeweichtes Trockenobst abgießen und den Saft mit
2 Eiern
verquirlen

Trockene Zutaten, verquirlten Eiersaft und
3/8 l warme Milch
gut durchrühren

Teig ca. 1 Std. gehen lassen, bis sich sein Volumen verdoppelt hat.

Trockenobst untermischen

Teig in Napfkuchenform
bei 160 Grad etwa 80 min backen.
Nach 10 min Ruhezeit Kuchen stürzen
und mit
in 4 EL Orangensaft aufgelösten
200 g Orangenmarmelade
bestreichen.

Apfelbrot

4 Eier
250 g Zucker
(eventuell 1/2 durch Fruchtzucker ersetzen)
schaumig rühren

250 g Mehl
1/2 Backpulver
etwas Zimt
dazu

ca. 3 mittelgroße in Würfel geschnittene und mit Zitronensaft beträufelte Äpfel
unterheben

Wer will, kann mit
in Rum eingelegten Rosinen, gehackten Mandeln usw.
experimentieren

In Backform bei 180 Grad
ca. 30 – 35 min backen.

Honig-Früchtebrot

100 g getrocknete gewürfelte Feigen
100 g getrocknete gewürfelte Pflaumen
100 g Rosinen
1 Stunde in
Rotwein
einweichen

100 g Butter
250 g Waldhonig
2 Eier
cremig rühren

350 g Weizenvollkornmehl
150 g feine Haferflocken
1 Backpulver
je 1/2 TL Zimt, gem. Nelken, Kardamom
100 g gemahlene Mandeln/Haselnüsse/Walnüsse
und die eingeweichten Früchte
dazu

100 ml Milch
unterrühren, bis der Teig schwer reißend vom Löffel fällt

Nach Belieben noch ganze
Mandeln/Haselnüsse/Walnüsse
dazu

Teig in Kastenform bei 180 Grad ca. 45 min backen

Gewürzbrot

3 Eier
100 ml Milch
schaumig schlagen und unter ständigem Rühren

240 g hellen dünnflüssiger Honig oder Zuckerrübensirup
dazu

200 g Roggenmehl
50 g Weizenmehl (Typ 1050)
2 TL Backpulver
je 1 TL Ingwer, Zimt, gemahlene Muskatnuss
Orangenzucker, Zitronenzucker, Vanillezucker
unterrühren.

In Kastenform 60 – 70 min bei 175 Grad backen.

Gewürzbrot

Früchtebrot/-brötchen/ -happen ohne Fett

5 Eier
50 g Zucker (Fruchtzucker, Honig o. Ä.)
schaumig rühren

250 g Mehl oder feine Haferflocken
1/2 Backpulver, etwas Natron
200 – 300 g Rosinen
200 – 300 g Trockenobst (Pflaumen, Aprikosen, Birnen, Äpfel)
200 g Mandeln (oder eine Nussmischung) oder nur
200 g Haselnüsse (eine einzige Nusssorte)
1 Prise Zimt
alles vermengen

Falls zu krümelig, noch etwas Mineralwasser dazu.

In Kastenform, als Brötchen oder kleine Häufchen
bei 175 Grad 30 – 60 min backen.

Die Menge des Trockenobst und der Nüsse richtet sich nach dem eigenen Belieben, ob das Brot mehr Teiganteile oder mehr Zutaten haben soll.

Weitere Variationen mit:
getrockneten Bananenchips, Datteln, Studentenfuttermischungen, tropischen Fruchtmischungen, Kokosraspeln

Das Früchtebrot hält sich lange, lässt sich gut einfrieren und ist sehr schnell aufgetaut.

Honig-Früchtebrot

Birgit Lennartz über: Apfelsaftschorle – das ideale Sportlergetränk?

In der einen Zeitschrift liest man, Mineralstoff- und Elektrolytgetränke seien überflüssig und zu teuer, Apfelsaftschorle dagegen sei das ideale und preiswerteste Sportgetränk. In der anderen Laufzeitschrift findet man den Hinweis, dass Schorle keineswegs empfehlenswert sei. Die Konzentration der Mineralstoffe, vor allem des Natriums seien zu gering, und auch die Kohlenhydratkonzentration liege nicht immer im gewünschten Bereich. Zudem werde der hohe Anteil an Fruchtsäure nicht von jedem Magen vertragen.

Was stimmt nun?
Beides.

Apfelsaftschorle ist nach dem Training durchaus ausreichend. Den Kohlenhydratanteil kann man durch das entsprechende Mischungsverhältnis mit einem mineralstoffhaltigen Wasser selber bestimmen. Der hohe Kaliumanteil hilft die Kohlenhydratspeicher des Körpers schnell wieder aufzufüllen.

Während einer harten Belastung jedoch, also im Wettkampf oder in einer längeren harten Trainingseinheit, benötigt der Körper ein magenfreundliches und mit den entsprechenden Mineralien, die vor allem mit dem Schweiß verloren gehen, angereichertes Getränk.

Birgit Lennartz über: Ernährungs- und Haushaltstipps, nicht nur für Läufer

IWie bekomme ich meine Trinkflaschen innen sauber?

Etwas Haushaltsnatron oder Backpulver mit Wasser gemischt in die Trinkflasche, etwas einwirken lassen und gründlich ausspülen.

Wie verwerte ich überreife Bananen?

Mit etwas Zitronensaft pürieren (damit sie nicht braun werden) und dann

A) einfrieren und bei Bedarf mit Milch/Buttermilch/Kefir/Sojamilch vermischen. Wer mag kann noch etwas feine Haferflocken und zur Geschmacksabrundung Honig, Vanillezucker und Gewürze (Zimt, Kardamom).Ein sättigender Drink mit Kohlenhydraten und Eiweißen

B) mit Quark, Joghurt, Haferflocken, Leinsamen (geschrotet), Rosinen, Milch (je nach gewünschtem Festigkeitsgrad) mischen und einige Stunden im Kühlschrank quellen lassen. Ein vollwertiger Brei, der vor dem Verzehr noch mit geraspeltem Apfel oder anderem Obst und Nüssen oder Flakes verfeinert werden kann.

C) mit Gelierzucker (2:1) Konfitüre herstellen. Lässt sich gut verfeinern mit z. B. Rosinen oder Amaretto.

Was lässt sich aus Trauben oder Beeren machen, die zu sauer sind und nicht nachreifen?

Mit Gelierzucker (3:1) kann man schnell und ohne großen Aufwand fruchtige Konfitüren herstellen, oder

pürieren und mit Zucker/Honig süßen und dann einfrieren. Bei Bedarf eine herrliche Erfrischung gemischt mit Sauermilchprodukten. Aufgewertet mit Weizenkeimen oder süßen Hefeflocken ein gehaltvoller Drink nach der Belastung.

Ich mag oft keine süßen Getränke nach dem Sport. Was bietet sich als Alternative an?

Gemüsesäfte (Gemüsetrunk ist verdünnt und muss nur mindestens 40% Fruchtanteil aufweisen) mit Buttermilch oder Kefir vermischt, eventuell noch es Schmelzflocken dazu und würzen. Ein Saft mit allem was der Körper nach einer Belastung benötigt.

4. Kekse & Co.

Cantuccini
(italienisches Mandelgebäck)

250 g Mehl
1/2 Backpulver
175 g Zucker
1 Vanillezucker
1 Prise Salz
3 Eier
verrühren

120 g ganze Mandeln
unterkneten

Rollen von ca. 4 cm Durchmesser formen

30 min bei 160 Grad backen

Etwas auskühlen, in 1 cm dicke Scheiben schneiden und

nochmals auf jeder Seite 10 min backen.

Cantuccini mit Hefe

500 g Zucker
4 Eier
1 Prise Salz
schaumig schlagen

500 g Mehl
1 Trockenhefe
500 g ganze oder halbierte Mandeln
unterrühren

15 – 30 min an warmen Ort gehen lassen

Ca. 3 – 4 cm dicke Rollen formen

Bei 180 Grad 45 min backen

Nach dem Abkühlen in Scheiben schneiden.

Cantuccini

Einfache Nussplätzchen

250 g Mehl
200 g gemahlenen Nüsse (Haselnüsse/ Mandel/Walnüsse/Kokosflocken)
1 TL Backpulver
1 Vanillezucker
Zitronenaroma
etwas Zimt
100 g Butter/Margarine
50 g Fruchtzucker
2 Eier
verkneten, 30 min kalt stellen

Ausrollen, Plätzchen ausstechen

Bei 200 Grad 10 – 15 min backen.

Verzierung:

Kuvertüre (hell oder dunkel),
Zuckerguss

Florentiner Belag:

100 g Sahne, 160 g Zucker, 60 g Butter, 60 g Honig
5 – 10 min köcheln lassen, bis karamellfarbig, dann
gehobelte/gestiftete Mandeln, Belegkirschen o. Ä.
dazu

Warme Masse auf Plätzchen streichen.

Mandel- oder Haselnussplätzchen

(Foto S. 52)

100 g gemahlene Mandeln oder Haselnüsse
150 g Weizenvollkornmehl
25 g Speisestärke
1/2 TL Backpulver
100 g brauner Zucker
1 Vanillezucker
100 g Butter
2 Eier
zu einem glatten Teig verkneten und 30 min kalt stellen.

Walnussgroße Kugeln formen,

Jeweils 1 Mandel/Haselnuss
in die Kugel drücken.

Bei 180 Grad etwa 15 min backen.

Roggen-Haselnuss-Kekse

250 g Zucker
2 Eier
etwas Honig oder Rübensirup
miteinander verrühren

50 – 100 g gehackte Haselnüsse
1 Päckchen Backpulver
1 TL Zimt
1 EL Kakao
unterrühren und mit
250 g Roggenmehl
50 g gemahlenen Haselnüssen
zu einem festen Teig verkneten.
Sollte er zu flüssig sein, mehr Mehl dazugeben.

Rollen formen und Scheiben abschneiden.

Diese bei 180 Grad ca. 20 min backen.

Haselnussmakronen

150 g Haselnüsse
50 g feine Haferflocken
150 g Puderzucker
1 Eigelb
verrühren
1 Eiweiß
steif schlagen und unterheben

Kleine Häufchen auf Oblaten setzen und jeweils mit
einer Haselnuss
verzieren
Bei 160 °C ca. 25 – 30 min backen.

Berliner Brot

2 Eier
2 EL Sodawasser
schaumig schlagen

250 g brauner Zucker
dazu

250 g Mehl
1 TL Backpulver
125 g gehackte Mandeln
35 g Zitronat
65 g Apfelkraut,
etwas Rum(aroma)
1 Msp. gem. Nelken
1 EL Zimt
unterheben.

Teig 1/2 cm dick auf gefettetes Backblech streichen

Bei 25 min bei 175 Grad backen

Heißes Gebäck mit Puderzuckerguss bestreichen und in Stücke schneiden.

Marzipanhäufchen

200 g Marzipan
75 g gemahlene Mandeln
100 g Puderzucker
1 TL Zitronensaft
2 steif geschlagene Eiweiß
verrühren,
kleine Häufchen auf Backblech oder Oblaten setzen,
mit
Mandeln
verzieren

Bei 180 Grad ca. 15 min backen

Kokoskugeln

200 g Sahne
erhitzen

125 g feine Haferflocken
hineinrühren

75 g gehackte Haselnüsse
75 g Rosinen
125 g Kokosflocken
1 Vanillezucker
100 g Honig
dazu und alles gut verrühren

Kugeln formen, in
Kokosflocken oder Haferflocken
wälzen und auf Backblech setzen

Bei 175 Grad ca. 20 min backen.

Marzipanhäufchen

Kokoskugeln

Haferkonfekt

250 g feine Haferflocken
in Pfanne rösten

4 EL Haselnussmus/Nuss-Nougat-Creme o. Ä.
4 EL Honig
1 Prise Salz, Zimt Muskat
dazu vermengen (falls nötig, noch etwas Wasser dazu)

Kleine Kugeln formen und trocknen lassen

Kühl lagern.

Anis-Knusperscheiben

50 g feine Haferflocken
120 g Mehl
1 TL Backpulver
1/2 TL Natron
1 TL Salz
50 g Honig oder Zucker
50 g Butter
100 ml Buttermilch
verkneten und Teig zu Rechteck ausrollen

1 Ei mit Zucker und Anis
verquirlen und Teig damit bestreichen

Mit einen Teigrädchen in Stücke schneiden

Bei 180 Grad 15 – 20 min knusprig backen.

Anis-Knusperscheiben

Printen mit Rübenkraut

125 g Rübenkraut
50 g Zucker
25 g Butter
erwärmen und kaltstellen

250 g Mehl
1 Backpulver
1/2 TL gem. Nelken
1/2 TL Anis
1/2 TL Honigkuchen-Gewürz
dazu und zu festen Teig verarbeiten

1 Stunde ruhen lassen.

1/2 cm dick ausrollen, in Rechtecke schneiden,

10 min bei starker Hitze backen.

Noch warm mit Puderzuckerglasur bestreichen.

Gewürzlebkuchen

3 Eiklar
steif schlagen und nach und nach
200 g Zucker
etwas Zitronensaft
dazu

Je 50 g Zitronat und Orangeat
1/2 TL Zimt
1 Prise gem. Nelken
250 – 300 g gemahlene Mandeln (nach Belieben 1/3 gehackt)
unterheben

Auf Oblaten
1 Stunde kalt stellen,

30 – 45 min bei 150 – 175 Grad backe

Honigkuchen wird schon seit rund 4000 Jahren gebacken. Seine Herkunft lässt sich bis in den Vorderen Orient und ins antike Ägypten zurückverfolgen. In Rom wurden alle süßen Backwaren mit Honig zubereitet. Alte Handschriften aus Klöstern geben zahlreiche Hinweise auf Honigbackwaren im 10. – 12. Jahrhundert. Der Begriff ›Printe‹ kommt vom niederländischen ›prenten‹, verwandt mit dem englischen ›to print‹, also drucken/drücken. Im Mittelalter wurden so genannten Bild-Printen auf den Jahrmärkten angeboten: In mit zeitgenössischen Motiven beschnitzten Holzformen wurde der Teig gedrückt und dann gebacken.

Während einer Zucker- und Honigverknappung im Jahr 1820 entwickelte der Aachener Henry Lamberts als Erster eine Printe, die nur mit Zuckersirup und Zucker gesüßt war. Da der Teig ohne Honig seine Geschmeidigkeit verlor, wurden aus den gebackenen Formen die groben Stückschnitten.

Fruchtprinten

325 g Roggenmehl
325 g Weizenmehl
100 g Orangeat
100 g Zitronat
100 g gehackte Mandeln
20 g Lebkuchengewürz
20 g in 1 TL aufgelöstes Natron
mit
in 0,1 l Wasser erwärmten 500 g Honig
verkneten

Teig einen Tag ruhen lassen, dann ca. 5 mm dick ausrollen und in Stücke schneiden

Mit verquirltem Eigelb
bestreichen

Nach Belieben mit
Mandeln, Haselnüssen, Belegkirschen o. Ä.
verzieren oder
nach dem Backen mit
Puderzuckerguss
bestreichen.

15 min bei 175 Grad backen.

Zimt-Mandel-Taler

200 g Marzipanrohmasse
100 g gem. Mandeln
75 g Weizenmehl
50 g Weizenvollkornmehl
2 TL Kakaopulver
Orangenaroma
1 Ei
verkneten

Plätzchen ausstechen,

Mit einem
in 2 EL Milch verrührten Eigelb
bestreichen und mit
halbierten Mandeln
belegen

Bei 160 Grad ca. 15 min backen.

Einfache Printen

250 g flüssigen Honig
250 g Zucker
125 g grober Kandis
verrühren und anwärmen.

500 g Mehl
10 g Anis
4 g Zimt
2 g Nelkenpulver
in 5 EL Wasser aufgelöst 5 g Hirschhornsalz
unterkneten

Teig einen Tag ruhen lassen,
ca. 1/2 cm dick ausrollen, in Streifen schneiden, auf Backblech legen

Bei 180 Grad 20 min backen

Nach dem Auskühlen mit Puderzuckerguss oder Kuvertüre bestreichen.

Einfache Printen

Mandelkugeln

1 Ei
1 Eiweiß
300 g Zucker
schaumig rühren

400 g gemahlenen Mandeln
20 g Mehl
etwas Amaretto oder Bittermandelöl
dazu

Walnussgroße Kugeln formen, jeweils
Mandeln (ganze oder halbe)
in die Kugel drücken

Bei 180 Grad etwa 25 min backen.

Mandelkugeln

Birgit Lennartz über: grüne und gelbe Bananen

Die Banane ist die Sportlerfrucht schlechthin. In welcher Farbe = Reifegrad wirkt sie am besten?
Die Tabelle zeigt die Veränderung der Kohlenhydratzusammenstellung während der Bananenreifung:

Aussehen	**grün mit** etwas Gelb	**gelb mit** etwas Grün	**gelb**	**gelb mit** einigen schwarzen Punkten	**gelb mit** vielen schwarzen Punkten
Kohlenhydrate (g/100 g)	28	29	28	27	26
Stärke (%)	82	41	26	9	3
Zucker (%)	7	48	63	81	88
Verdaulichkeit	schlecht	mäßig	ziemlich gut	gut	sehr gut

Birgit Lennartz über: ihren täglichen Ernährungsplan

Wenn ich mit anderen gemeinsam esse, staunen die übrigen oft, dass ich mir nehme, was mir schmeckt und nicht nach einer strengen Diät lebe. Da ich schon als Kind mit dem Laufen begonnen habe, hat sich mein Appetit, aber auch mein Interesse recht bald auf eine gesunde Ernährung hin ausgerichtet. Ich esse lieber Obst, Gemüse, Salate, Milchprodukte, Brot und Getreidegerichte als fast food und Süßigkeiten. Nach dem Grundsatz: »Wenn die Basisernährung stimmt, kann ein Stück Schokolade nicht schaden« habe ich mir die Freude und den Genuss am Essen erhalten. Was gibt es Schöneres als ein gutes Mahl nach einem Schweiß treibenden Training! Und: Die Mahlzeit gibt dann wieder die Energie für den nächsten Lauf zurück.

Wie setzt sich mein normaler täglicher Ernährungplan zusammen?

Zum Frühstück gibt es Vollkornbrot mit Banane, Quark, Marmelade und Honig sowie einen Apfel. Ab und an auch ein Ei.

Mittags dann Käsebrot mit Möhren.

Nachmittags Kaffee mit einem Stück Früchtebrot und Banane.

Abends wird meist gekocht: Nudeln, Reis, Kartoffeln und Gemüse mit Soßen. Falls es schnell gehen muss, auch mal eine Pizza. Je einmal pro Woche kommen Fisch und Fleisch dazu.

An Snacks zwischendurch wähle ich Obst, meist Apfel oder Banane, knabbere Möhren oder Kohlrabi, und bei Lust auf was Süßes Energieriegel, Früchtebrot oder Popcorn,. Bei Verlangem nach etwas Herzhafterem greife ich zu Mandeln oder Walnüssen.

Getränke?

Neben Wasser (Mineralwasser mit mindestens 100 mg Magnesium pro Liter). trinke ich gerne Milch, Buttermilch und Kefir. Im Winter ab und an auch schon mal einen Tee. Kaffee ist für mich kein Tabu, ich liebe ihn mit viel Milch.

Wie sieht es vor einem wichtigen Wettkampf aus?

Eine Geheimernährung vor Wettkämpfen habe ich nie gehabt. Meist gab es dann Rosinenbrot, Bananen und Milchreis. Heute wird es noch um Energieriegel ergänzt. In den letzten Tagen vor einem langen Wettkampf achte ich natürlich gezielt auf kohlenhydratreiche Ernährung mit ausreichend Kalium und Vitamin B.

Ergänze ich meine Nahrung mit Zusatzpräparaten?

Ja, bei starker Belastung mit Multivitamin- und Mineralstofftabletten. Bei hohem Schweißverlust und harten Muskeln mit Magnesium und Kalium und beim Höhentraining mit Eisenkapseln.

Was wäre noch erwähnenswert?

Ach ja, die »Läufer-Haupternährung« meide ich strikt. Ich mag kein Bier, sogar Malzbier ist mir zuwider. Beim letzten Brauhausbesuch mit unserem Verein hätte ich fast einen Kellner zum Kollaps gebracht, als ich nach einem Tee fragte.

5. Energieriegel

Knusprige Haferriegel

100 g Haferflocken
100 g Haferfleks
50 g gehackte Mandeln
50 g Sonnenblumenkerne
mischen

25 g Butter/Margarine
50 g brauner Zucker
50 g Honig
1 EL Zitronensaft
im Kochtopf karamellisieren

Die trockenen Zutaten hinzufügen und unter ständigem Rühren goldbraun rösten.

Warme Masse auf Backblech ausrollen und 10 min bei 150 Grad trocknen.

In Riegel/Stücke schneiden und auskühlen lassen.

Früchtetaler

375 g Weizenmehl
50 g Haferflocken
1 TL Backpulver
1 Vanillezucker
100 g Honig (oder anderes Süßungsmittel)
100 g Butter (80 g Öl)
2 Eier
1/2 TL Zimt
Amaretto oder Bittermandelöl
1 Prise Salz
200 g klein geschnittene getrocknete Pflaumen
50 g Walnüsse
50 g Mandelstifte
zu Teig verkneten

Rolle mit ø ca. 3 cm formen

In Folie gewickelt 1 Stunde kalt stellen.

Ca. 1 cm dicke Scheiben schneiden,
auf ein Backblech legen und
ca. 15 min bei 200 Grad backen.

Früchtetaler

Ballaststoff-Energieriegel

(Foto S. 64)

50 g Hafer in etwas Wasser
ca. 20 min weich kochen.

125 g Weizenkeime
25 g Weizenkleie
80 g Haferflocken
30 g Weizenmehl
25 g gemahlene Haselnüsse oder Mandeln
125 g Honig
1 TL Zimt
und den Hafer
vermengen und gut durchkneten

Etwa 12 Riegel formen und in
Haferflocken
wälzen

Bei 180 – 200 Grad
etwa 15 – 20 min backen.

Hafer-Riegel

200 g Haferflocken
100 g Haferfleks
100 g halbierte Haselnüsse
50 g Sonnenblumenkerne
30 g Kokosraspel
mischen

50 g Butter/Margarine
100 g Traubenzucker
100 g Honig
1 TL Zitronensaft
im Kochtopf karamellisieren

Die trockenen Zutaten hinzufügen und unter ständigem Rühren goldbraun rösten.

Warme Masse auf Backblech ausrollen und nach 10 – 15 min in Riegel/Stücke schneiden.

Knusperbällchen

2 Tassen Haferflocken
1 Tasse Kokosflocken
1 Tasse gemahlene Haselnüsse
1/2 Tasse Sonnenblumenkerne
1/2 Tasse Kürbiskerne
mischen

3 EL Honig
2 Tassen Vollmilch
erwärmen und über die trockene Mischung schütten, umrühren

30 min stehen lassen

Kugeln formen

Bei 170 Grad 25 – 30 min goldbraun backen.

Birgit Lennartz über: Müsliriegel

Was ist eigentlich der Unterschied zwischen den verschiedenen Müsli- bzw. Energieriegeln, die es zu kaufen gibt?

Das Angebot an Riegeln ist inzwischen fast unüberschaubar. Doch es gibt große Unterschiede, nicht nur geschmacklich:

Einfache **Schokoriegel** enthalten bis zu 40 % reinen Zucker, ansonsten viel Fett. Über viele »leere« Kalorien hinaus liefern sie nicht viel.

Die vielfältig angebotenen **Müsliriegel** enthalten viel Zucker. Auch der Fettanteil ist recht hoch. Ein gesunder Snack, wie in der Werbung angepriesen, sind sie nicht.

Fruchtschnitten sind in den Reformläden und -abteilungen erhältlich. Sie bestehen aus pürierten Früchten, Nüssen und Samen, gesüßt mit Zucker, Fruchtzucker oder Honig.

Riegel aus dem **Bio**laden werden meist mit alternativen Süssungsmitteln oder Honig gesüsst. Der Fettanteil kann aber auch hier hoch sein.

Diät-Riegel sind entweder für Diabetiker hergestellt und sind mit Fruchtzucker oder Zuckeraustauschstoffen gesüßt. Oder sie dienen zur Unterstützung einer Schlankheitsdiät und enthalten dann vermehrt Ballaststoffe.

Energie- oder Powerriegel sind von ihrer Nährstoffzusammensetzung her gesehen für Ausdauersportler konzipiert. Sie besitzen über 60 g Kohlenhydrate aus verschiedenen Zuckerarten pro 100 g. Der Fettgehalt beträgt meist unter 5 g pro 100 g. Vitamine, Mineralstoffe und Aminosäuren sind enthalten.

Eiweißriegel enthalten einen höheren Proteinanteil und sind so für Kraftsportler oder als Regenerationsriegel gedacht. Meist sind sie mit Schokolade überzogen.

Also beim nächsten Riegelkauf auf die Zutatenliste schauen oder die Riegel selber herstellen, wie im Kapitel »Energieriegel« gezeigt.

6. Brot

Weizenkörnerbrot

100 g Weizenkörner mit 300 ml Wasser und
80 g Honig (oder Ahornsirup oder Zuckerrübensirup)
unter Rühren aufkochen und über Nacht ausquellen lassen.

Alternativ können auch 1 – 2 Tage angekeimte Weizenkörner verwendet werden

500 g Weizenmehl
350 ml Wasser
2 EL Butter
3 EL Honig (Ahornsirup/Zuckerrübensirup)
1 1/2 TL Salz
1 Trockenhefe
Hefeteig herstellen

Abgetropfte Weizenkörner
hinzu

Bei 220 Grad ca. 50 min backen.

Vollkornbrot mit Amaranth

350 g Weizenvollkornmehl
100 g Amarathvollkornmehl
50 g Roggenvollkornmehl
150 ml Wasser
150 ml Buttermilch
1 Trockenhefe
10 g Salz
10 g Brotgewürz
Hefeteig herstellen

Bei 220 Grad ca. 50 min backen.

Amaranth galt bei Inkas und Azteken als heilige Pflanze, der eine lebensverlängernde Wirkung zugeschrieben wurde. Für die Hochlandindios, die täglich bis zu über 40 Kilometer liefen, war Amaranth die ideale Kraftquelle.
Amaranth-Körner bestehen zu 59 % aus leicht verdaulicher Stärke, des Weiteren aus 18 % Eiweiß mit einer biologischen Wertigkeit von 75. Vor allem enthält Amaranth viel Lysin, ein Baustein des Carnitins, das für die Fettverbrennung benötigt wird.
Der neunprozentige Fettanteil der Samen besteht überwiegend aus essenziellen Fettsäuren.
Der Calcium-, Magnesium- und Eisengehalt des Inka-Wunderkorns übertrifft die anderer üblicher Brotgetreide um ein Vielfaches.

Weizenkörnerbrot

Frisches, selbst gebackenes, knuspriges Brot aus dem Ofen! Die Versuchung, die herrlich knusprig warme Kruste abzuessen, ist groß. Aber manches Brot schmeckt erst nach ein bis zwei Tagen so richtig gut. So sollten Hefeteigbrote erst nach vier Stunden, Roggenbrote sogar erst nach 24 Stunden angeschnitten werden.
Wer schon einmal Brot selber gebacken hat, weiß um die Mühen des Knetens und des Aufgehens des Hefeteigs. Eine Brotbackmaschine erleichtert die Arbeit der Teigherstellung enorm. Man gibt einfach alle Zutaten in die Maschine und nach ein bis zwei Stunden erhält man einen wunderbaren Teigling. Das Backen hingegen gelingt meiner Erfahrung nach im Ofen besser. Eine Tasse Wasser im Ofen verzögert die Krustenbildung und fördert so das Aufgehen des Teiges.
Da mit dem Aufkommen der Brotbackmaschinen Rezepte und Bücher für Brote überall zu finden sind, habe ich nur ein paar wenige, einfache aufgeführt. Dafür aber auch einige Sauerteigbrotrezepte, die etwas aufwendiger sind.
Um Brote aus Schrot oder gröberer Struktur etwas aufzulockern, empfiehlt es sich, Hirsekörner mit einzuarbeiten.

Hinweise zum Brotbacken

Salz kräftigt den Kleber, gibt Geschmack und verbessert die Krume.
Fett macht Brot elastisch und hält es länger frisch. Daher trocknet französisches Brot rasch aus, weil es kein Fett enthält.
Milch macht die Krume zarter, **Wasser** ergibt knusprigeres Brot, **Sprudelwasser** erhöht den Kohlendioxidgehalt und unterstützt dadurch das Aufgehen des Gebäcks.
Zucker ist der Nährstoff für die Hefe. Zu viel Zucker beeinträchtigt allerdings das Gärvermögen der Hefe. Daher sollten Zutaten wie Früchte erst nach dem Gehen zugegeben werden.
Eier geben Brot eine weichere Rinde, ein volleres Aroma und fördern die Gärung.
Für die ersten 10 Minuten die **Backtemperatur** um ca. 20 °C höher einstellen.
Eine **Schale mit Wasser** in den Backofen stellen. Der Wasserdampf verbessert das Aufgehen des Brotes.
Das Brot ist **gar,** wenn es beim Klopfen auf die Brotunterseite hohl klingt

Sauerteig

Um die Nährstoffe des Roggens aufzuschließen ist Sauerteig nötig. Dieser baut die im Roggen enthaltene Phytinsäure ab, die sonst die Aufnahme von Mineralstoffen und Spurenelementen verhindern würde. Da Teige aus Roggenmehl viel Wasser binden, halten sie sich länger frisch und sollten vor Genuss erst einen Tag ruhen. Sauerteig braucht Ruhe und Zeit, und die ist in der heutigen Nahrungsmittelindustrie nicht vorhanden. So helfen dem Bäcker Kunstsauerteige, die in nur drei Stunden backbereit sind. Nährstoffe wie Calcium, Eisen, Zink und Magnesium lassen sich damit aber nicht aus dem Getreide aufschließen.

Sauerteigherstellung:

1. Tag:

100 g Roggenvollkornmehl
100 ml lauwarmes Wasser
verrühren

24 Std. an warmem Ort (ca. 40 °C) zugedeckt stehen lassen

2. Tag

100 g Roggenvollkornmehl
100 ml lauwarmes Wasser
dazurühren

24 Std. an warmem Ort zugedeckt stehen lassen

3. Tag

200 g Roggenvollkornmehl
200 ml lauwarmes Wasser
dazurühren

24 Std. an warmem Ort zugedeckt stehen lassen

4. Tag

Ergebnis: 800 g Sauerteig
davon 50 g abnehmen und im Kühlschrank aufbeahren (ca. 3 – 4 Wochen haltbar) oder einfrieren.

Bei Bedarf aus diesen 50 g zusammen mit
375 g Roggenmehl und
375 ml lauwarmem Wasser
einen Vorteig anrühren

8 – 12 Stunden an warmem Ort zugedeckt stehen lassen,
ergibt wieder 800 g Sauerteig.

Zimt-Rosinen-Brot

500 g Mehl
350 ml Wasser
2 EL Butter
2 EL Zucker
1 1/2 TL Salz
2 TL Zimt
1 Trockenhefe
Hefeteig herstellen

100 – 150 g Rosinen oder andere Trockenfrüchte
vor dem Backen hinzufügen

Bei 220 Grad ca. 50 min backen

Foccacia
(italienische Brotfladen)

500 g Mehl
1 Trockenhefe
1/2 TL Zucker
1 TL Salz
6 EL Olivenöl
zu einem glatten Hefeteig verkneten,

1 – 4 Stunden an warmen Ort gehen lassen

Nochmals durchkneten und Fladen ausrollen.

Mit einer Mischung aus Olivenöl mit Rosmarin, Thymian, Oregano, grobkörnigem Salz bestreichen

Weitere Belagmöglichkeiten sind: Tomatenwürfel, Olivenstücke, Feta-Käse)

Bei 220 Grad 30 min backen und warm genießen.

Foccacia

Nussbrot mit Roggenschrot

750 g Sauerteig
600 g Roggenvollkornschrot (Type 1800)
150 g Roggenmehl (Type 1370)
2 Trockenhefe
2 TL Salz
durchkneten und 1 Std. gehen lassen

Hasel oder Walnusskerne (Menge nach Belieben)
unterkneten
2 Brote formen

Mit Wasser bestreiche

30 min gehen lassen

Bei 200 °C ca. 60 min backen

Laugenstangen

250 g Mehl
20 g Hefe
1/2 TL Zucker
150 ml Wasser
1/2 TL Salz
10 g Butter
Hefeteig zubereiten,
zu Stangen oder Brezeln formen und
10 – 15 min gehen lassen

1 l Wasser mit 1 TL Natron
aufkochen und
die Stangen/Brezeln einzeln für je
30 Sekunden in das Wasser tauchen,
herausnehmen, abtropfen lassen,
30 min kalt stellen

Dann bei 225 Grad
ca. 20 – 25 min backen

Mit Wasser einpinseln und
mit grobem Salz bestreuen.

Laugenstangen

Hafer-Walnuss-Brot

450 g Weizenmehl
100 g feine Haferflocken
50 g Hirsekörner
125 ml Milch
4 EL Wasser
1 EL Walnussöl (oder Butter)
2 EL Honig
1 TL Salz
1 Trockenhefe
Hefeteig herstellen
100 g gehackte Walnüsse
dazu

Bei 220 Grad ca. 45 min backen.

Walnussbrot mit Mais

350 g Weizenmehl
150 g Maismehl
1 Trockenhefe
1/8 l Milch
80 g Butter
2 Eier
100 g Honig
1/2 TL Salz
Hefeteig herstellen

100 g gehackte Walnüsse
vor dem Backen unterheben

Bei 180 Grad 40 – 45 min backen.

Einfaches Sauerteigbrot

750 g Sauerteig
350 g Weizenmehl
300 ml Roggenmehl
300 ml lauwarmes Wasser
5 g Salz
1 Trockenhefe
verrühren

30 min ruhen lassen

2 Brote kneten und formen

1 Std. ruhen lassen

Bei 200 °C 70 – 80 min backen.

Sauerteigschrotbrot

750 g Sauerteig
je 150 g geschroteten Hafer und Dinkel, der über Nacht in 500 ml Wasser eingeweicht wurde,
350 g Mehl
3 TL Salz
2 Trockenhefe
etwas Wasser
durchkneten

1 Std. gehen lassen

ca. 10 g Brotgewürz (Kümmel, Fenchel, Koriander)
dazu und in 2 Brote formen

1 Std. gehen lassen
Mit Wasser bestreichen

Bei 225 °C ca. 70 min backen.

7. Brotaufstriche

Käsecreme

100 g Quark
100 g Blauschimmelkäse
verrühren

1/8 l steif geschlagene Sahne
untermixen

2 – 3 EL Sherry
frisch gemahlener Pfeffer
dazu und mit
gehackter Petersilie
gehackten Walnüssen
bestreuen.

Obatzter

Zwiebel-Apfel-Quark-Dip

Käsecreme

Camembert- oder Briecreme

Camembert oder Brie
Quark
Paprika
Curry
verrühren

Zwiebelwürfel, Schnittlauch
dazu.

Obatzter

(Foto S. 77)

250 g Weißschimmelkäse
1 fein gehackte Zwiebel
verrühren

Curry und Zitronensaft
oder
Kapern und fein geschnittene Gewürzgurken
oder
Kümmel, Salz, Pfeffer und Paprika
dazu.

Zwiebel-Apfel-Quark-Dip

(Foto S. 77)

1 gewürfelter Apfel
1 klein gehackte Zwiebel
1 EL Butter/Öl
dünsten

125 g Quark
Salz
Pfeffer
unterrühren.

»Leberwurstaufstrich« aus Haferflocken

50 g feine Haferflocken
in Wasser einweichen, so dass die Flocken gerade bedeckt sind.

1 fein gehackte Zwiebel
2 – 3 EL Öl
3 – 4 EL Hefeflocken
2 – 3 TL gerebeltes Majoran
etwas gekörnte Brühe
Kräutersalz, Curry, Knoblauchpulver
dazugeben
und alles miteinander mischen.

Buttervariationen

Butter mit dem Elektroquirl schaumig rühren und dann mit einer der folgenden Zutaten vermengen:
frisch gemahlener Pfeffer
Kräutersalz
zerdrückter Knoblauch
gehackte Kräuter
Hefeextrakt
Tomatenmark
geröstete Nüsse und
pikant: etwas Salz
oder süß: etwas Zucker/Honig

Deutsche Butter muss mindesten 82 % Fett und darf höchstens 16 % Wasser enthalten. Unterschieden wird in Süßrahm- und in Sauerrahmbutter. Erstere wird direkt aus dem Rahm verbuttert. Bei der Sauerrahmbutter wird der Rahm zuvor gesäuert, was ihr den typischen Geschmack verleiht.
Bei mild gesäuerter Butter werden Süßrahmbutter konzentrierte Milchsäurebakterienkulturen oder Milchsäure zugesetzt. Je nach Güteklasse wird Butter als Deutsche Markenbutter, Deutsche Molkereibutter oder Butter (früher Kochbutter) angeboten.
Butterschmalz ist reines Butterfett, dem durch Erhitzen die Molke entzogen wurde. Da es zu 99,5 % aus Fett besteht, maximal 0,3 % Wasser und keine Eiweißstoffe mehr enthält, ist es zum Kochen und Braten bei hohen Temperaturen gut geeignet.

Süße Nusscreme

100 g gemahlene Haselnüsse
1 EL Sahne
1 TL Öl
1 TL Honig
1 EL Kakao
alles vermischen

Diese Creme hält sich höchstens 4 Tage im Kühlschrank.

Statt Haselnüsse gehen natürlich auch Mandel, dann vielleicht mit etwas Amaretto aromatisieren.
Ebenso kann man Walnüsse oder gemahlenen Sesamsamen verwenden.

Salzmandeln

Je 200 g geschälte und ungeschälte Mandeln
mischen und mit

3 EL Olivenöl
begießen

4 TL Salz
drüberstreuen
und alles gründlich mischen

Im Backofen bei 190 Grad 15 – 20 min rösten.

Süße Nusscreme

Birgit Lennartz über: die Ultrastrecke

Frage: Frau Lennartz, Sie waren ja auch immer sehr stark auf der 100-km-Strecke. Wie erklären Sie sich Ihre Leidenschaft für die Ultradistanz?

Birgit Lennartz: Ja, man macht das, was man kann und läuft da, wo man Erfolg hat.

Frage: Wie oft liefen Sie die 100 km im Wettkampf?

Birgit Lennartz: Ungefähr 15 Mal.

Frage: Welche Tipps geben Sie einem 100-km-Novizen mit in seinen ersten Wettkampf?

Birgit Lennartz: Erstes Ziel sollte sein, anzukommen und sich unter keinen Zeitdruck zu setzen.
Falls es möglich ist, sich eine große Runde suchen, sonst kommt man in Versuchung, nach der 13. kleinen Runde doch den Blinker zu setzen.

Frage: Was ist bei der Ernährung auf der Ultrastrecke zu beachten?

Birgit Lennartz: Vorher ausprobieren, nichts Neues beim Wettkampf testen, und von Anfang an Energiehaltiges zu sich nehmen.
Wie gesagt, ganz wichtig: auf Bewahrtes zurückgreifen!

Birgit Lennartz über: Laufsportkarrieren

Frage: Wenn Sie zurückblicken, was war der schönste Augenblick Ihrer Karriere?

Birgit Lennartz: Ich glaube, eigentlich der Sieg beim Comrades-Marathon 1999.

Frage: Woran erinnern Sie sich nicht mehr so gerne?

Birgit Lennartz: An die Läufe, bei denen ich aufgeben musste, und an Verletzungsphasen.

Frage: Welche Ratschläge geben Sie einem jungen Wettkampf-Einsteiger an die Hand?

Birgit Lennartz: Sich einer Gruppe anschließen, und mit dem zufrieden sein, was man gerade bringt. Nicht zu weit nach vorne schielen, sondern mit der aktuell abrufbaren Leistung zufrieden sein.

Frage: Was sollten Wiedereinsteiger, mit etwa 40 oder 50 Jahren, beachten?

Birgit Lennartz: Sich erst einmal vom Arzt durchchecken lassen. Dann nicht mit seiner früheren Leistung einsteigen, sondern schauen, was kann ich momentan, mit meiner aktuellen Leistungsfähigkeit, bringen.

Birgit Lennartz über: Das Brot des Läufers – besser und vielseitiger als Pasta

Mit rund 85 kg Brotverbrauch pro Jahr liegen die Deutschen an der europäischen Spitze. Auch die Vielzahl von rund 300 Sorten sind europäischer Rekord.

Brot ist seit dem 12./13. Jahrhundert **Grundnahrungsmittel** in Mitteleuropa. Im vorigen Jahrhundert wurden noch 160 kg jährlich je Kopf verzehrt.
Aus einem altägyptischen Pharaonen grab stammt auch der älteste Brotfund aus der Zeit um 2050 v. Chr. 1000 Jahre später wurde auch in Ägypten das erste weiche Brot gebacken. Wahrscheinlich vergaß der Bäcker durch Zufall das Brot sofort zu backen. Der Gärungsprozess trat ein und der Sauerteig war entdeckt.

Heute greifen die Bäcker gerne zum so genannten Kunstsauer, einer Fertigmischung aus Zitronen- und Milchsäure angereichert mit Emulgatoren, Phosphaten und anderen Zusatzstoffen. Diese Mischung garantiert in zwei bis drei Stunden einen Teig, der wie Sauerteig aussieht, aber eher chemisch gesäuertes Mehl ist. Der echte Sauerteig dauert 14 – 20 Stunden.

Das zweite Triebmittel für Brot ist Hefe, die eher bei Weizenmehl eingesetzt wird. Daneben gibt es noch das Backferment, das hauptsächlich im Biobrot zu finden ist. Es besteht aus einer Mischung von Honig, Getreide und Hülsenfrüchtemehl, das zusammen mit Wasser zu einer Gärung des Teiges führt und milde Teige ohne Hefe ergibt.

Ein weiteres gängiges Triebmittel ist Backpulver, das vor allem bei Kuchen und Gebäck Verwendung findet. Hierzu werden Substanzen verwendet, die Kohlendioxid freisetzen wie Natron, Hirschhornsalz und Pottasche. Beigemischte saure Bestandteile wie Weinsäure bewirken ein rasches und gleichmäßiges Abspalten der Gase.

Die **Hauptgetreidesorten** für Brot sind Weizen und Roggen. Weizen eignet sich am besten zum Backen wegen seines hohen Glutenanteils, Gluten beeinflusst die Wasserbindung im Teig, die Krumen- und Krustenbildung, die Elastizität und die Frischhaltung der Gebäcke. Man spricht auch von kleberstarkem oder kleberschwachem Mehl. Gluten ist der Oberbegriff für Getreideeiweiß, das allerdings hinsichtlich seines Nährwertes ein eher minderwertiges Protein ist. manche Menschen reagieren allergisch auf Gluten, einige vertragen es aufgrund der Dünndarmerkrankung Zöliakie nicht.

Mit Hilfe von Wasser Salz und Hefe und/oder Sauerteig als Backtriebmittel werden die vier **Grundbrotsorten** hergestellt: Weizen- oder Roggenbrot mit mindestens 90% des betreffenden Getreides, Weizenmisch- oder Roggenmischbrot mit einem Anteil von 50 – 89 % der genannten Getreidesorte. Daneben gibt eine Reihe von Spezialbroten wie reine Sauerteigbrote, Vollkornbrote, Bio-/Ökobrot, Knäckebrot, Pumpernickel, Diätbrote, etc., die sich aber meist alle unter die oben genannten vier Brotgruppen einteilen lassen. Sie unterscheiden sich durch weitere Inhaltsstoffe wie weitere Getreidesorten (Gerste, Hafer, Reis, Hirse, Mais und Buchweizen (der zwar als Knöterichgewächs keine Getreideart ist, aber meist dazu gezählt wird), Nüsse, Ölsaaten, Milch und Milchprodukte, Fette, Zucker, Eier, Kartoffeln, Trockenobst, Gewürze, Aromastoffe.

Einen weiteren Unterschied der Brotsorten kennzeichnet der **Ausmahlungsgrad** des Getreides. Die Mehltypen geben an, wie viel Mineralstoffe als »Asche« bei der Verbrennung von Mahlerzeugnissen übrig bleiben. Typ 1150 bedeutet, dass etwa 1150 Milligramm unverbrennbare Mineralstoffe in 100 g Mehl enthalten sind. Ein helles Mehl hat einen Ausmahlungsgrad von 60 – 70 %, ein dunkles Mehl einen von 75 – 85 %. Je höher der Ausmahlungsgrad, desto dunkler, einweißhaltiger, ballaststoffreicher und mineralstoffreicher ist das Mehl. Je niedriger der Ausmahlungsgrad, desto heller und stärkereicher ist das Mehl.

Zusatzstoffe im Brot erleichtern die Herstellung und verbessern den Geschmack. Enzyme und Ascorbinsäure (=Vitamin C) verbessern die Lagerfähigkeit und Backeignung von Weizen. Die Aminosäure Cystin erhöht die Elastizität des Weizenmehlteiges. Durch den Einsatz von Emulgatoren vermeidet man höhere Fettanteile ohne Einbusse bei der Gashaltung und erhält so trotzdem volle Volumenentwicklung und Krumenweichheit.
Guarkernmehl, Johannisbrotkernmehl oder Carboximethyltcellulose dienen zur Optimierung der Wasserverteilung im Brot. Dies kann aber auch mit gekochten Kartoffeln erreicht werden. Essigsäure und ihre Salze werden zur Vermeidung des Fadenziehens und auch des Verschimmelns eingesetzt.

Bei Brot ohne Zusatzstoffe werden die diesen Stoffen eigenen Wirkungen durch andere Backzutaten wie Fett, Zucker, Eipulver oder Sauerteig erzielt. Roggenbrote enthalten meist weniger Zusatzstoffe als Weizenbrote.

Brot und Kleingebäcke sind wichtige **Lieferanten für Kohlenhydrate** und daher als Energiespender von Bedeutung. Die Stärke ist mit rund 50 % des Gesamtgewichtes bei frischem Brot der mengenmäßig größte Bestandteil. Aber auch als **Eiweißquelle**, vor allem im Hinblick auf die heutigen vielen Spezialbrote, ist Brot nicht zu unterschätzen. Zwar ist dieses Eiweiß biologisch nicht so hochwertig wie tierisches, doch durch die Kombination mit Milch, Quark, Käse, Eiern, Fisch, Wurst oder Fleisch als Belag bzw. Beikost wird es erheblich aufgewertet.

Eine wichtige Rolle spielt Getreide, und damit Brot, bei der Versorgung mit B-Vitaminen. Hier insbesondere das für den Kohlenhydratstoffwechsel wichtige **Vitamin B1**. Durch das Backen wird zwar ein Teil dieses Vitamins zerstört, dies wirkt sich aber nur bei sehr langen Erhitzungsprozessen, wie beim Pumpernickel, negativ aus.

Die Vitamine und Mineralstoffe des Getreidekorns konzentrieren sich in den Randschichten und im Keim, während der Mehlkörper im Inneren des Getreides verhältnismäßig wenig Vitamine- und Mineralstoffe enthält. Je höher der Ausmahlungsgrad, desto »wertvoller« ist das Brot.

Worauf sollte ich als Läufer beim Brotkauf achten? Es sollte ein Vollkornbrot sein (Ausnahme bei empfindlichem Magen vor einem Wettkampf eher weniger grobes Brot), Ölsaaten und Nüsse erhöhen den Vitamin- und Mineralstoffgehalt und viel Abwechslung in der Brotsortenwahl. Das heißt mal ein Roggenbrot, mal Weizen, mal Hafer, mal mit Hefe, mal mit Sauerteig, mit Kürbiskernen, mit Soja, etc.

Brottrunk ist ein säuerlich schmeckendes alkoholfreies Getränk, das aus mit Wasser vermischtem Vollkornbrot mit Hilfe von Milchsäurebakterien, die einen Gärungsprozess bewirken, hergestellt wird. Zum Teil noch mit Molke vermischt, soll es die Darmflora verbessern und den Mineralstoffhaushalt ergänzen. Meiner Meinung nach gibt es für die Darmflora besser schmeckendes und der Mineralstoffanteil im Brottrunk ist allemal geringer, als der eines ausgewählten Mineralwassers.

Selbst als »Functional Food« gibt es Brot inzwischen zu Kaufen: Omega-3-Brot mit mehrfach ungesättigten Fettsäuren für Herz- und Kreislauf und zur Cholesterinspiegelsenkung, Pre-Plus-Brot mit zusätzlichem Magnesium und Inolin als Ballaststoff, Cult-1-Brot für die Darmflora, Vitalkorn mit patentierter Verkapselung von Vitaminen und Eisen, damit diese beim Backen erhalten bleiben, Jogging- und Sportler-Brote mit die Leistungsfähigkeit fördernden Kohlenhydraten und Eiweißen.

Die Aussagen sind viel versprechend, nur enthält ein normales Vollkornbrot alle diese Stoffe schon von Natur aus. Brot ist von sich aus gesund, es muss nicht noch gesünder gemacht werden.

8. Müslivariationen & Powerdrinks

Mein Lieblingsbrei

Ohne genaue Mengenangaben, er sollte leicht flüssig sein, da die Zutaten aufquellen und so Flüssigkeit aufnehmen.

150 g Quark
100 ml Milch/Buttermilch/Kefir/ Joghurt/Dickmilch
2 – 3 EL geschroteter Leinsamen
2 – 3 EL Rosinen
1 Banane
(zerquetscht und mit Zitronensaft beträufelt)
alles verrühren und 1 – 2 Stunden stehen lassen oder
über Nacht in den Kühlschrank stellen

Weitere Zutaten können sein:
Fertigmüslimischung/Haferflocken/ Haferkörner/Nüsse/getrocknete Früchte

Mein Lieblingsbrei

Exkurs: Wunderkorn HAFER

Die alte Volksweisheit »Ihn sticht der Hafer!« beschreibt Menschen, die vor Tatendrang nur so übersprudelten. Heute lässt sich ernährungswissenschaftlich belegen: Hafer ist die wertvollste unserer heimischen Getreidearten.
Trotzdem stellt er nur 3 % Anteil an allen Getreidesorten der Welternährung.
Haferkörner sind bereits in den bronzezeitlichen Pfahlbausiedlungen der Schweiz, Savoyens, der Bodenseegegend und Dänemarks gefunden worden. Und schon der römische Geschichtsschreiber Plinius nennt den Haferanbau und Genuss von Haferbrei eine Eigentümlichkeit der Germanen. In der Edda wird Hafer zusammen mit Hering als eine Speise der Götter bezeichnet. Zahlreiche keltische, altnordische und althochdeutsche Namen für Hafer weisen auf dessen uralte und zentrale Funktion im Ernährungshaushalt Nordeuropas hin. Wegen der schlechten Backfähigkeit von Hafermehl (ihm fehlt der Eiweißstoff Gliadin = Kleber, der Mehl erst backfähig macht) wurde Hafer als Brei oder Mus zubereitet. Hafer stellte bis ins 16. Jahrhundert das Hauptnahrungsmittel der Menschen in Mitteleuropa dar.
Mit der Brotgetreidepreissenkung und der Einführung der Kartoffel verlor der Hafer im 18. Jahrhundert seine Bedeutung als Grundnahrungsmittel und stieg zum Futtermittel für Tiere ab. Nur in England »überlebte« er als Porrigde.
Dabei ist Hafer das vollwertigste aller Getreidekörner. Er enthält doppelt so viel hochwertige Proteine und viermal so viel Fett – davon 40 % Linolsäure – wie die anderen Getreidearten. Mit dem Verzehr von 100 g Hafer kann der Bedarf von sechs der insgesamt acht essenziellen Aminosäuren gedeckt werden. Als Ergänzung zur vollständigen Deckung des Eiweißbedarfs ist eine Kombination mit Milch- oder Sojaprodukten sinnvoll.
Hafer enthält außerdem reichlich Kohlenhydrate, Ballaststoffe und stark quellende Substanzen mit der Fähigkeit, Bakterien zu binden und aus dem Magen-Darmbereich herauszuziehen. Die Schleim bildenden Wirkstoffe des Hafers wirken schützend und regulierend auf die Verdauungsorgane. Haferkleie ist der ideale Ballaststoff zur Entgiftung und Anregung der Darmtätigkeit sowie der Regulation des Cholesterinspiegels. Zudem zeichnet sich Hafer durch reichlich Vitamin B und E, Mineralstoffe (vor allem Calcium, Eisen, Mangan und Fluor) aus.
Selbstverständlich sind all diese Substanzen am vollständigsten im ganzen Korn enthalten. Aber auch die meisten Nährmittel aus Hafer stellen noch hochwertige Vollwertprodukte dar. Allerdings nimmt der Gehalt an wertvollen Substanzen schlagartig ab, wenn Sauerstoff an Keimling und Randschichten gelangt. Zudem wird das im Korn enthaltene Öl schnell ranzig. Haferprodukte sollten also entweder selbst gemahlen, oder tro-

cken und gut verschlossen aufgehoben und schnell verbraucht werden.

Hafer besitzt eine große Zahl an geschmacksbildenden Substanzen. Durch Rösten wird das nussartige Aroma noch verstärkt. Zudem wird ihm ein psychotroper, also die Psyche beeinflussender Effekt durch hormonähnliche Stoffe zugesagt, die belebend und antriebssteigernd wirken.

Haferprodukte:

Hafergrütze und **Haferschrot** entstehen aus entspelzten und gerösteten Haferkörnern, die grob bzw. fein zerkleinert werden.

Vollkornhaferflocken sind entspelzte und gereinigte Haferkörner, die mit Dampf behandelt werden, um Enzyme unwirksam zu machen, durch die der Hafer bitter oder ranzig würde. Hierbei entwickelt sich auch der nussartige Geschmack. Nach dem anschließenden Schälen werden die Kerne zu Flocken gewalzt.

Haferflocken sind zerkleinerte Vollkornhaferflocken.

Großblattflocken (kernige Flocken) werden aus dem ganzen Haferkorn gewonnen.

Kleinblattflocken werden aus zerschnittenen, gegrützten Körnern hergestellt. Sie sind zarter und weicher, und haben eine kürzere Garzeit.

Schmelzflocken sind vorgekochte und getrocknete Haferkörner, die sehr fein gepresst werden.

Schnell lösliche oder **Instantflocken** entstehen aus Hafervollkornmehl. Sie können wegen ihrer guten Löslichkeit direkt in Flüssigkeiten eingerührt werden.

		Mineralstoffe		**Vitamine**	
Wasser	10 g	Natrium	8 mg	Vitamin E	1,1mg
Eiweiß	13 g	Kalium	355 mg	Vitamin B1	0,6 mg
Fett	7 g	Magnesium	129 mg	Vitamin B2	0,17 mg
Kohlenhydrate	66 g	Calcium	79 mg	Niacin	2,4 mg
Ballaststoffe	1,5 g	Chlorid	61 mg	Pantothensäure	1 mg
Mineralstoffe	2,0 g	Eisen	4,6 mg	Vitamin B6	0,16 mg
		Zink	4,4 mg		
		Jodid	40 µg		

Inhaltsstoffe von 100 g Hafer (Rohware, Mittelwerte)

Pflaumentrunk

4 in ca. 125 ml Wasser eingeweichte Trocken-pflaumen
1 Banane
2 TL Leinsamenschrot
1EL feine Haferflocken
6 Walnüsse
mixen.

Pflaumentrunk

Süßer Haferauflauf

150 g Hafer
200 ml Wasser
1 Zimtstange
(oder anschließend mit Zimt würzen)
aufkochen und 20 min köcheln lassen

100 ml Milch
dazu
und 30 min bei geschlossenem Deckel ausquellen lassen

250 g Äpfel
klein schneiden
und mit Zitronensaft beträufeln

Rosinen
nach Belieben

Alles mit Haferkörnern vermischen und in eine gefettete Auflaufform geben

1 Ei
mit etwas Milch/Sahne verquirlen

Über die Hafer-Apfelmasse gießen

Mit Mandeln und Zimtzucker bestreuen

Bei 200 Grad 20 – 25 min backen.

Preiselbeersmoothie

Smoothies sind dickflüssige oder cremige Drinks, die als Zwischenmahlzeit oder schnelles Frühstück dienen

50 ml eingeweichte getrocknete Preiselbeeren
125 ml Orangensaft
1 TL Zitronensaft
125 ml eingeweichter Leinsamen
50 g Cashewkerne
mixen.

Preiselbeersmoothie

Birgit Lennartz über: Fasten

Fasten ist der freiwillige Verzicht auf Nahrung. Die so genannte »Nulldiät« wird meist nur zur Gewichtsreduktion durchgeführt. Fasten hingegen ist nicht Hungern, sondern ein Selbsterlebnis mit dem eigenem Körper. Fasten tut jeder, nämlich nachts. So bedeutet das englische Wort für Frühstück »breakfast« nicht anderes als Fastenbrechen.

Richtig Fasten heißt mindestens fünf Tage nichts essen, sondern nur trinken. Alles weglassen, was nicht lebensnotwendig ist, wie Nikotin, Alkohol, Kaffee, Medikamente (soweit entbehrlich), sich vom Alltag und der Reizüberflutung von außen lösen. Wegen der angeblichen Entschlackung und Entgiftung des Körpers wird Fasten als Heilmittel gegen viele Stoffwechselerkrankungen empfohlen.

Eine kurze Nahrungskarenz kann vielleicht für den Organismus schon mal recht erholsam sein. Längerer Verzicht auf jegliche Nährstoffe führt aber zu Eiweißabbau. Der Körper holt sich dann die benötigten Aminosäuren zuerst aus den leicht verfügbaren Eiweißen, wie den Enzymen von Leber, Magen- und Darmschleimhaut. Das Muskelprotein wird erst später angegriffen.

Die Brennstoffreserven beispielsweise eines 70 Kilogramm schweren Mannes betragen:

Brennstoff	Organ	Vorrat	Energiegehalt (kcal)
Fette	Fettgewebe	11 kg	100000
Glykogen	Leber	50 – 100 g	200 – 400
	Muskel	100 – 200g	400 – 800
	Körperflüssigkeit	5 g	20
Protein	Muskel	6 – 7 kg	25000

Der Anteil der Organe am Grundumsatz:

Organ	**Brennstoff**	**Benötigte Menge in Gramm pro Tag**
Gehirn	Glukose	120
Leber	Aminosäuren	70
Niere	Fett	11
übriges Gewebe	Glukose	100
	Fett	49

Wie man sieht, benötigt das Gehirn von allen Organen den Hauptenergieanteil am Grundumsatz. Ziel des Körpers bei fehlender Nahrung ist es also, den Energiebedarf des Gehirns zu decken.

Wenn die Kohlenhydrat-Speicher geleert sind, wird die benötigte Energie aus den Fetten und durch die Glukoneogenese – also dem Umbau von Proteinen zu Glukose – gewonnen. Der Glukoseverbrauch im Hirn wird auf 40 g gesenkt. Diese werden durch Glukoneogenese bereitgestellt, was allerdings einen Eiweißverlust von rund 80 g pro Tag bedeutet. Der restliche Energiebedarf wird durch Ketonkörper (Ketonkörper sind umgewandelte Fettsäuren, die im Gehirn als Energielieferanten dienen, da Fettsäuren nicht ins Gehirn gelangen können) gedeckt.

Ein weiterer Weg der Glukoselieferung ist der nach seinem Entdecker benannte CORI-Zyklus. Glukose wird nur bis zur Milchsäure abgebaut und dann in der Leber wieder zu Glukose aufgebaut. Sie wird also letztlich nicht verbraucht.

Nach mehreren Tagen des Fastens gewinnt der Organismus also seine Energie fast nur aus dem Fettstoffwechsel. Aus diesem Grund lässt sich das Fasten als Vorbereitung auf einen Ultralauf nutzen, falls Lauftraining nicht möglich ist. Der Stoffwechsel wird für die Belastungs-Situation trainiert.

9. Hauptmahlzeiten & kleine Snacks

Schnelle Gemüse-Nudel-Suppe

Suppengemüse (Tiefkühlkost)
in Brühe erhitzen

Suppennudeln
dazu
und ca. 10 – 15 min köcheln lassen.

Nach Belieben noch mit Ei oder sonstiger Suppeneinlage verfeinern.

Spinatsuppe

1 EL Butter
1 fein gehackte Zwiebel
1 fein gehackte Knoblauchzehe
etwas anbraten

300 g Blattspinat
Salz, Pfeffer
dazu
und 5 – 10 min dämpfen,
pürieren

1 Ei
5 EL Sahne
50 g Schmelzkäse
verrühren und
mit dem Spinat vermischen.

Schneller geht es mit fertigem Tiefkühl-Spinat.

Kartoffel-Sellerie-Suppe

750 g zerkleinerte Kartoffeln
400 g zerkleinerten Knollensellerie
1 1/2 l kochender Fleischbrühe
in ca. 30 min weich kochen,
etwas abkühlen lassen,
pürieren
und mit

Salz, Pfeffer, Muskat
abschmecken

200 g Saure Sahne
dazu und wieder erhitzen
(aber nicht kochen lassen!)

6 EL fein gehackte Petersilie
darüber streuen.

Spinatsuppe

Pastinakensüppchen

Pastinaken sind eine Petersilienart mit weiß-gelblicher, möhrenähnlicher Wurzel, die angenehm süß und würzig schmeckt.
Bei uns laben sich vorwiegend Haarwild und Schafe an den Wurzeln, weshalb diese auch Hammel- oder Hirschmöhren genannt werden.
In England sind Pastinaken hingegen als Gemüse kultiviert. Zu haben sind sie im Bioladen und auch auf gut sortierten Wochenmärkten.

400 g Pastinaken
300 g Kartoffeln
beides geschält und geschnitten
1/2 l Gemüsebrühe
15 min kochen
150 ml Sahne
200 ml Milch
zusammen erwärmen
und zur Suppe gießen

Alles cremig pürieren und mit
Muskat, Cayennepfeffer, Hefewürze
abschmecken

Glatte fein geschnittene Petersilie
hineingeben.

Kartoffeln mit Schlag

1 kg gekochte Kartoffeln
zerstampfen und mit
1/2 l heiße Milch
zu Püree verarbeiten,
mit
Muskat
würzen

250 g mageren gewürfelten Speck
gelbbraun braten und mit
1/8 l Brühe
ablöschen
und 20 min kochen
und zu dem warmen Kartoffelbrei geben

1 gewürfelte Zwiebel
mit
4 EL Weinessig
und
4 EL Öl
verquirlen und mit
Salz, Pfeffer
würzen und mit
1 Kopf geschnittenen Endiviensalat
vermischen und
unter das Püree ziehen.

Kartoffelpüree-Variationen:

Kartoffeln
in wenig Salzwasser oder Brühe garen.

Eventuell abgießen, zu Brei stampfen
mit warmer Milch
den Kartoffelbrei sämig rühren.

Mit
Salz, Pfeffer, Muskat
abschmecken.

Nach Belieben einen Stich Butter, etwas süße oder Saure Sahne hinzu.

Jetzt kann man:

– **geraspelte Möhren**
unterheben
und mit Petersilie bestreuen.

– **pürierte oder ganze Erbsen**
untermischen
und mit Bratensoße übergießen

– **gedämpfte Brokkoli-Röschen**
unterheben
und mit Mandelblättchen bestreuen

– **eine angebratene Pilz-Zwiebel-Knoblauch-(Speck-)Mischung**
darüber geben.

– **Parmesan oder sonstigen geraspelten Käse**
unterrühren

– **Blumenkohl und Senf**
untermischen

– **mit Eiern**
binden
und nochmals im Backofen backen

Schuster-Pastete

Kartoffeln
gekocht und geschält aufschneiden und mit
Pfeffer, Salz und Majoran
durchstreut lagenweise mit
angeschmorten Zwiebelringen
und
Blutwurstscheiben
in eine gefettete Form füllen

2 Eier
etwas Milch oder Sahne
verschlagen und mit
Salz und Muskat
würzen

Die Eiermilch über den Auflauf gießen und alles im Backofen überbacken.

Kartoffelsuppe mit Speck

450 g Kartoffeln
schälen, waschen, würfeln und in wenig Salzwasser mit

1 Lorbeerblatt und 5 weißen Pfefferkörnern
gar kochen

300 g klein geschnittenes Porree/Lauch
300 g klein gewürfelte Möhren
1/2 l Brühe
15 min garen

Kartoffeln mit Kochwasser und Gemüse ohne Brühe
pürieren

Püree mit Brühe auffüllen bis zur gewünschten Sämigkeit

Gehackte Petersilie
unterrühren

Speckstreifen mit Zwiebeln
ausbraten
und auf der Suppe anrichten.

Kartoffelsuppe mit Speck

Himmel und Erde

600 g Kartoffeln
schälen und in Würfel schneiden

in wenig Salzwasser gar kochen
300 g Äpfel
schälen und in Stücke schneiden

Die letzen 15 min mit den Kartoffeln kochen

50 g gewürfelter Speck
in der Pfanne anbraten und

2 große in Ringe geschnittene Zwiebeln
dazu

Beides über das Kartoffel-Apfel-Gericht geben

Nach Belieben noch mit gebratener Blutwurst belegen.

Himmel und Erde

Haferplinsen mit Wirsing

200 g Haferflocken
250 ml Mineralwasser
2 EL Buttermilch
2 EL Öl
1 Std. quellen lassen

100 g fein geschnittenen Wirsing mit etwas Öl und Wasser
andünsten

Mit den Haferflocken vermischen

50 g gemahlenen Haselnüsse
dazu und mit
Muskat, Kümmel, Senf, Salz
abschmecken

Mit Löffel kleine Häufchen auf Backblech setzen
und bei 180 Grad 30 min backen.

Hirse-Gemüse-Auflauf

120 g Hirse
wie Reis kochen

150 g Champignons
blättrig schneiden

100 g Erbsen
1 gewürfelte Zwiebel
1 EL Butter/Öl
andünsten und
mit etwas Wasser 5 – 10 min garen

Mit der Hirse vermischen und

In eine gefettete Auflaufform füllen

1 Ei
150 g Saure Sahne
Salz
Pfeffer
Paprikapulver
Basilikum
verrühren und über die Hirse-Gemüse-Mischung gießen

1 EL geriebener Käse
darüber streuen

Bei 200 Grad ca. 20 min backen.

ShiiTake- oder Austern-pilz-Gemüse-Pfanne

60 g Weizenkörner
über Nacht in Wasser einweichen

1/8 l Brühe
2 El Sojasoße
mit den abgegossenen Weizenkörnern 15 min kochen

1 gehackte Zwiebel
in
1 EL Butter
weich dünsten

400 g Shiitake- oder Austernpilze
mit anbraten

200 g gewürfelte Möhren
1 gewürfelte Kohlrabi
200 g gestückelte Zucchini
untermischen
Salz, Pfeffer, Zitronensaft,
1 durchgepresste Knoblauchzehe
abschmecken und 5 min schmoren

Weizenkörner:
eine Hälfte der Sojabrühe dazu
und nochmals 7 – 10 min
zugedeckt schmoren lassen.

Kresse
zum Garnieren

Passt zu Fisch, Fleisch und Geflügel.

Champignons in Wein

1 EL Butter
1 EL Öl
300 g frische Champignons
anschmoren
etwas Zitronensaft
0,1 l Weißwein
Salz
zugeben
und ca. 20 min köcheln lassen

grob gehackte Petersilie
überstreuen

Zu Omeletts oder Rührei servieren.

Knoblauch-Petersilien-Kartoffeln

600 g gleichgroße gekochte Kartoffeln
1 – 2 durchgepresste Knoblauchzehen
3 TL gehackte glatte Petersilie
3 – 4 EL Olivenöl
Salz
weißer Pfeffer
alles zusammen vermischen

50 g frisch geriebener Parmesan
darüber streuen

Passt zu kurz gebratenem Fleisch, aber auch zu einer Gemüseplatte.

Kartoffelgulasch

2 mittelgroße gewürfelte Zwiebeln
in Fett glasig dünsten
400 – 500 g Kartoffelwürfel
dazu
1/2 l Gemüsebrühe
angießen
und mit geschlossenem Deckel
ca. 20 – 30 min garen

Salz, Pfeffer, Paprika
abschmecken
150 g Saure Sahne
unterziehen und mit
Schnittlauch
bestreuen.

Kartoffelgulasch

Gemüsepfanne

300 g Gemüse der Saison
(Lauch, Karotten, Paprika, Blumenkohl, Pilze etc.)
in kleine Stücke schneiden

1 gehackte Zwiebel in 2 – 3 EL Öl
glasig dünsten

Gemüse dazu und bis zur gewünschten Weichheit garen

Eventuell etwas Wasser angießen

Sojasauce, Salz und Pfeffer
abschmecken

Sahne, Mandeln, Cashewkerne, Erdnüsse, Ananas können nach Wunsch beigefügt werden.

Gemüsepfanne

Spinat mit Rosinen und Pinienkernen

50 g Rosinen
in lauwarmem Wasser einweichen

1 kg frischen Blattspinat
bei schwacher Hitze dämpfen, bis er einfällt

1 Bund fein gehackte Petersilie
4 fein gehackte Sardellenfilets
in
6 EL Olivenöl
anbraten

Abgetropfte Rosinen und
50 g Pinienkerne
5 min mitbraten.

Spinat
untermischen und mit
Salz, Pfeffer und Muskatnuss
abschmecken.

Passt zu Reis, Kartoffeln, Kartoffelbrei, Nudeln, Fisch.

Warenkunde und Kochratschläge für Reis

Reis wird nach Größe und Behandlungsmethode unterschieden:

Rundkornreis ist 4 – 5 mm lang und wird beim Kochen durch seinen höheren Stärkeanteil meist klebrig.

Mittelkornreis ist 5 – 6 mm lang, etwas dicker als Langkornreis. Er bleibt beim Kochen körnig und locker, klebt jedoch beim Abkühlen gerne zusammen.

Langkornreis ist mindestens 6 mm lang und bleibt auch gegart locker und körnig.

Brauner Reis oder **Naturreis** ist Vollkornreis, bei dem nur die äußere unverdauliche Spelze, aber nicht die äußeren Schichten des Reiskorns entfernt wurden. Er enthalt deshalb noch alle Nährstoffe und besitzt ein intensives nussartiges Aroma.

Weißer Reis wird geschliffen und poliert. Dadurch verliert er den Großteil seiner Nährstoffe. Um dies auszugleichen wurde so genannter **Parboiled Reis** entwickelt. Er wird vor dem Schleifen eingeweicht und mit Dampfdruck behandelt. Dadurch werden die im Keim und in den äußeren Schichten des Reiskorns enthaltenen Vitamine und Mineralstoffe ins Innere des Korns gepresst. Parboiled Reis ist zwar sogar nährstoffreicher als Brauner Reis, enthalt aber nur geringe Mengen an Ballaststoffen.

Brauner Parboiled Reis wird wie ebenso vorbehandelt. Dadurch halbiert sich seine Garzeit und seine Haltbarkeit verbessert sich, da jene Substanzen neutralisiert werden, die die im Keim enthaltenen Öle ranzig werden lassen.

Minutenreis ist vorgekochter Reis, dessen Kochzeit nur wenige Minuten beträgt. Gegart ist er zwar körnig und locker, weist aber nur wenig Eigengeschmack und noch weniger Nährstoffe auf als weißer Reis.

Arborio ist der klassische weiße Rundkornreis aus Italien. Er kann sehr viel Flüssigkeit aufsaugen, ohne breiig zu werden. Also die für Risotto geeignete Sorte.

Basmati- und Jasminreis zählen zu den Duftreisen. Aromatische Reissorten, die auch als Vollkornreise angeboten werden.

Weißer Reis muss vor dem Kochen nicht behandelt werden. Wer Braunen Reis und Duftreis körnig liebt, der sollte den Reis zuvor etwa eine Stunde in Wasser einweichen. Das Wasser so oft wechseln, bis es nicht mehr milchig ist, sondern klar bleibt.

Mittel- und Rundkornreis kann man vor dem Kochen unter fließendem Wasser waschen, dann kleben sie später weniger zusammen.

Reis wird mit Wasser gekocht. Dabei benötigt er die doppelte Menge an Flüssigkeit im Vergleich zu seinem Volumen, also **2 Tassen Wasser auf 1 Tasse Reis**. Man lässt den Reis mit dem Was-

ser zusammen aufkochen, oder fügt ihn erst nach Kochen des Wassers zu. Dann wird die Hitze reduziert und der Reis bei zugedecktem Topf so lange gegart, bis alle Flüssigkeit aufgesogen ist.
Eine weitere Methode: Wie beim Zubereiten von Nudeln kann man Reis mit reichlich Wasser fertig garen und dann abgießen. Hierbei gehen mit dem Kochwasser Nährstoffe verloren.

Das **Garen in Fett** ist bei den Risotto-Gerichten (S. 106) beschrieben.

Die **Garzeiten** in Wasser betragen in etwa:

Brauner Reis	40 – 50 min
Brauner Parboiled Reis	25 min
Weißer Reis	15 min
Duftreis	20 min
Minutenreis	5 min

Orientalischer Reis

200 g gekochter Reis
200 g Trockenfrüchte wie Rosinen, Datteln, Aprikosen
1 in Scheiben geschnittene Banane
1 TL Curry
Sahne oder Brühe
nach Bedarf noch angebratenes, gewürfeltes
Hühner- bzw. Putenfleisch

Alles vermischen
und lauwarm oder kalt servieren.

Pilz-Risotto

500 g Champignons,
blättrig schneiden
1 gewürfelte Zwiebel
2 EL Butter/Olivenöl
dünsten
und unter den Risotto mischen.

Sehr gut eignen sich auch Steinpilze

Krabben-Risotto

250 g Krabben
100 g Tiefkühl-Erbsen
1 EL Butter
dünsten
100 g Sahne
zugeben und aufkochen.

Salzen und pfeffern und unter den Risotto mischen

Krabben-Risotto

Pizza mit Quark-Öl-Teig

150 g Magerquark
50 ml Milch
60 – 75 g Öl
1 Ei
1 TL Salz
verrühren

300 g Weizenvollkornmehl
1 Backpulver
2 TL Kardamom (wahlweise)
unterkneten,

Teig auf Backblech ausrollen,
mit Tomatenmark bestreichen und
nach Belieben belegen.

Mit Oregano, Pfeffer und Salz oder fertiger
Pizza-Gewürzmischung abschmecken.

Bei 200 Grad ca. 35 – 40 min backen.

Pizza mit Quark-Öl-Teig

Risotto-Variationen

Grundrezept:

1/2 gewürfelte Zwiebel in 1 EL Butter/Olivenöl
goldgelb dünsten.

200 g Risotto-Reis (alternativ Milchreis)
unter ständigem Rühren dazugeben, bis Reiskörner glasig aussehen.

Mit
50 ml Weißwein
ablöschen und
1/2 l heiße Brühe
nach und nach angießen.
Der Reis sollte immer nur gerade bedeckt sein.

Nach etwa 30 min sollte die Speise cremig sein, die Reiskörner aber noch Biss haben.

Salzen, pfeffern und nach Belieben mit Butter und frisch geriebenen Parmesan verfeinern.

Risotto mit Hühnerleber und Tomaten

1 gehackte Knoblauchzehe
1 gehackte Zwiebel
1 EL Öl
andünsten

100 g Hühnerleber (gestückelt)
1 gewürfelte Tomate
200 g Risotto-Reis
dazu und anbraten

1/2 l Gemüsebrühe
25 ml Weißwein
zugeben und 10 min kochen lassen

1/2 l Gemüsebrühe
dazu und 20 min köcheln,
bis der Reis gar ist

20 g Parmesan
darüber streuen

Mit Salz und Pfeffer abschmecken.

Champignon-Leber-Pfanne

30 g Butter
300 g weiße Champignons
250 g in zerstückelte Puten- oder Hähnchenleber
anbraten

1 gr. Bund in Ringe geschnittene Lauchzwiebeln
dazu und mit
Salz, Pfeffer
abschmecken

200 g halbierte Kirschtomaten
2 min mitschmoren.

Schnelle Pfifferlingpfanne

Pfifferlinge mit Schalotten- und Speckwürfeln in etwas Butter
braten und mit frisch gemahlenem Pfeffer würzen.

Passt zu Rührei oder Semmelknödeln.

Pilzgulasch

2 – 3 Sorten frische Pilze mit Schalotten in etwas Butter
anbraten, salzen, pfeffern

Mit
Weißwein
ablöschen und mit
Sahne (Crème fraîche)
cremig einkochen lassen

Mit
Petersilie
bestreuen

Ideal zu Kartoffelbrei, Semmelknödeln, aber auch zu Nudeln oder Reis.

Linsen in dreierlei Variationen

120 g gehackte Zwiebeln
2 gehackte Knoblauchzehen
in
25 g Öl
glasig dünsten
150 g grob geraspelte Möhren
mit dazu andünsten lassen
200 g rote Linsen
dazu und mit
1 l Gemüsebrühe
auffüllen und etwa 10 – 15 Minuten köcheln lassen

Alles pürieren und je nach Gusto mit einem der folgenden Zusätze verfeinern:

Orientalisch:

1 EL Zitronensaft
mit
150 g Joghurt
verrühren

Mit der Suppe vermischen und mit Zitronenmelisse bestreuen

Mediterran:

Thymian, Basilikum und
200 g gewürfelte Tomaten
in die Suppe geben

Asiatisch:

2 TL Curry
in
1 TL Erdnussöl
anschmelzen,

Je eine klein geschnittene Mango und Banane dazu,

Mit Zitronensaft und Pfeffer abschmecken
Zur Suppe zufügen.

Linsen-Weizen-Curry

100 g Linsen
50 g Weizen
über Nacht in 0,5l Wasser einweichen

125 g klein geschnittene Zwiebel
in
etwas Butter/Öl
glasig dünsten

Linsen und Weizen
dazu und mit
Salz, Curry
würzen und unter Rühren anschwitzen lassen

Einweichwasser
untermischen und 50 min garen

50 g halbierte Mandeln
250 g Ananasstücke
zum fertigen Currygericht dazu
und mit
Knoblauch und Ingwer
abschmecken.

Geschnetzeltes nach Zürcher Art

300 g geschnetzeltes Kalbfleisch
1/2 fein gehackte Zwiebel
in
25 g Butter
anbraten

100 g geschnittene Champignons
50 ml Weißwein
1 TL Bratensaucenpulver o. Ä.
dazu

Salz und Pfeffer
abschmecken

0,1 l Sahne
binden

Beilagen:
Reis oder Toast und Feldsalat.

Putengeschnetzeltes mit Lauch und Ananas

300 g in Streifen geschnittenes Putenfleisch
in
2 EL Öl
anbraten
und aus der Pfanne nehmen

250 g in Ringe geschnittenen Lauch/Porree
200 g Ananasstücke
in derselben Pfanne andünsten
und mit
100 ml Gemüsebrühe
ablöschen

300 ml Milch
100 ml Sahne
darunter rühren
und Fleisch dazugeben

Noch etwa 5 min ziehen lassen

2 El Petersilie
darüber streuen

Exotischer wird es, wenn noch Kokosflocken und Curry dazukommen.

Statt Ananas und Lauch können auch Karotten, Erbsen oder Brokkoli genommen werden.

Moussaka mit Lamm

800 g Auberginen
in Scheiben schneiden
und mit etwas
Salz
bestreut 1 Stunde ziehen lassen, abtupfen
und in
5 EL Olivenöl
braten und abtupfen

1 gewürfelte Zwiebel
1 gewürfelte Knoblauchzehe
in
5 EL Olivenöl
anbraten

8 gewürfelte Tomaten
1 Prise Zucker
1 TL Salz
Pfeffer
zu Zwiebel-Knoblauch-Gemisch geben
und 10 min bei geringer Temperatur ziehen
lassen.

400 g Lammsteaks
in Scheiben schneiden
und kurz anbraten

4 El Butter
in Topf erhitzen
4 EL Mehl
dazu und leicht anschwitzen.

600 ml Milch
einrühren und 10 min unter ständigem Rühren köcheln

Salz, Pfeffer

zum Abschmecken

2 Eier
100 g Parmesan
verrühren und zur Mehlschwitze geben

1 gefettete Auflaufform mit der Hälfte
der Auberginen auslegen,
darauf das Fleisch, dann die
Tomatenmischung und alles mit den
restlichen Auberginenscheiben abdecken

Die helle Sauce darüber verteilen und
bei 160 Grad ca. 1 Stunde
im Ofen backen.

Griechische Moussaka

2 in Scheiben geschnittene Auberginen
mit Salz
bestreuen und ca. 15 min Wasser ziehen lassen

6 in dünne Scheiben geschnittene Kartoffeln
in Olivenöl
anrösten

Auberginenscheiben mit Küchenkrepp abtrocknen und von beiden Seiten anbraten

300 g Hackfleisch (Lamm oder Rind)
mit Salz, Pfeffer, Paprika
würzen

Kartoffeln- und Auberginenscheiben abwechselnd mit Hackfleisch in eine Auflaufform füllen.

1 EL Butter
in Topf erhitzen
1 EL Mehl
darüber stäuben und anschwitzen,

1/2 l Fleischbrühe
mit Schneebesen einrühren
und kurz aufkochen lassen,

Sauce über Auflauf gießen

5 EL Sahne mit 2 Eiern und 1 TL Oregano
verquirlen
und ebenfalls über den Auflauf gießen

Bei 220 Grad 40 min gratinieren.

Griechische Moussaka

Fisch-Reis

1 gewürfelte Knoblauchzehe
1 EL Zwiebelwürfel
100 – 200 g gewürfelten Schinkenspeck
in
4 EL Öl
andünsten
500 g gewürfeltes Fischfilet
(gesäuert und gesalzen)
500 g geschnittenen Porree
1 – 1 1/2 l Brühe
weißer Pfeffer, Paprika
dazu
und 15 min zugedeckt garen lassen.

200 g Risotto-Reis
(nach Packungsanleitung zubereitet)
und
100 g Krabben
unterheben

1/8 l Weißwein
über alles gießen und mit
Thymian und Basilikum
abschmecken

Nach Bedarf noch geriebenen Käse dazu reichen.

Fisch-Reis

Koch-Fisch

600 g Fischfilet in Stücke geschnitten
450 g Tomaten
(Dose oder in Scheiben geschnittene)
0,1 l Wasser
1 klein gehackte Zwiebel oder Porreestange
1 zerkleinerte Knoblauchzehe
1/2 TL Salz
1/2 TL Pfeffer
etwas Petersilie oder Dill
in einem Topf ca. 10 – 15 min dünsten.

Dazu passen, Kartoffeln, Reis oder Brot.

Kartoffelsuppe mit Fisch

100 g fein gehackte Zwiebeln
100 g gewürfelte Möhren
120 g in Ringe geschnittenes Porree
75 g gewürfelte Sellerieknolle
in
2 EL Öl
andünsten

1 1/2 l Brühe
dazu

300 g gewürfelte Kartoffeln
hineingeben
und 15 – 20 min kochen lassen

500 g gewürfeltes Fischfilet
50 – 100 g ausgebratenen Schinkenspeck
1 TL Salz
1/2 TL weißer Pfeffer
dazu
und nochmals 5 min ziehen lassen

1 TL Estragon
darüber streuen.

Lammhackbällchen mit Knoblauch

500 g Lammhackfleisch
1 in Wasser eingeweichtes Brötchen
2 gewürfelte Zwiebeln
1 gehackte Knoblauchzehe
1 Bund gehackte Petersilie
1 – 2 Zweige Rosmarin
1 – 2 Zweige Thymian
1 Ei
Salz
Pfeffer
vermengen,
Hackbällchen formen und in
Butterschmalz
braten

Dazu passen Fladenbrot und Kräuterjoghurt/-quark.

Geflügellebergulasch

750 g gewürfelte Geflügelleber
2 gewürfelte Zwiebeln
in
30 g Butter
anbraten und mit
1 EL Mehl
bestäuben

50 g Tomatenmark
1/2 l Brühe
zufügen und ca. 10 min garen lassen

1 Glas Tomatenpaprika (195 g)
1 gewürfelte Gewürzgurke
dazu

4 EL Saure Sahne
unterrühren

Salz, Zucker, Zitronensaft
abschmecken

1 EL gehackte Petersilie
darüber streuen

Dazu passen Nudeln, Kartoffeln und Bohnen.

10. Nudelsaucen

Kleines Pasta-ABC

Nudeln sind nicht gleich Pasta, sondern Pasta sind italienische Nudeln.
Der Oberbegriff für beides ist Teigwaren (›Pasta‹ bedeutet ›Teig‹), also aus Weizenmehl oder Weizengrieß hergestellte Nahrungsmittel wie Nudeln oder Spätzle.
Die typisch deutsche Nudel wird aus Weizenmehl und Eiern gemacht, für die italienischen Nudeln wird nur Hartweizengrieß verwendet. Daher haben Letztere immer noch etwas Biss. Dieses ›al dente‹ können Eierteigwaren nicht bieten, denn wegen des Eigehaltes gart der Teig gleichmäßiger durch.
Das erste Nudel-Rezept stammt aus China, wo vor über 4 000 Jahren Hühnerfleisch zusammen mit Nudeln aus Weizenmehl, Eiern und Wasser zubereitet wurde.
Die italienische Küche kennt über 300 Pasta-Sorten, die sich in Form, Größe und Farbe unterscheiden. Hier einige der Bekanntesten:
Bandförmig: Fettuccine, Papardelle, Tagliatelle
Kurz: Conchiglie, Farfalle, Fusilli, Rigatoni
Lang: Spaghetti, Vermicelli
Hohl: Maccheroni, Bucatini, Cornetti, Penne, Rigatoni
Gefüllt: Cannelloni, Ravioli, Lasagne, Tortellini.

Welche Pasta man wählt, hängt von der Sauce ab, wobei ›Salsa‹ nicht anderes als ›Soße‹ bedeutet und ›sugo‹ mit ›Saft‹ übersetzt werden kann. Pasta, deren Oberfläche ›rigato‹, also geriffelt oder aufgeraut ist, nimmt besonders viel Sauce auf.

Pasta mit glatter Oberfläche begnügt sich mit weniger Sauce.
Pastasorten mit großen Öffnungen, wie z. B. die muschenförmigen Conchiglie, sind hingegen wahre Saucenschlucker.
Auf keinen Fall dürfen die Nudeln mit der Sauce ertränkt werden.

Tortelloni

Tagliatelle

Lasagnette

Penne

Oregano-Hackfleisch-Sauce

Hackfleisch
Zwiebeln
fein gewürfeltes Suppengemüse
in
Olivenöl
anbraten
Geschälte Tomaten (frisch oder Dose)
und
etwas Rotwein
dazu
und mit
Salz und Pfeffer
abschmecken

Ohne Deckel unter Rühren einkochen lassen
und mit nicht zu wenig
Oregano
würzen.

Sauce Bolognese mit Soja

200 g trockenes Sojageschnetzeltes
20 – 30 min in Brühe einweichen

1 gehackte Zwiebel
1 gehackte Knoblauchzehe
in
1 EL Olivenöl
anbraten

200 g Dosentomaten
abgetropftes Sojageschnetzeltes
dazu
und ca. 5 min köcheln lassen

Mit
Salz, Pfeffer, Oregano
abschmecken.

Pilzsauce

150 g frische,
in Scheiben geschnittene Champignons
1 gewürfelte Zwiebel
in
1 EL Öl
glasig dünsten,
8 – 10 min garen

1 Bund gehackte Petersilie
100 g Saure Sahne
dazu

Mit
Salz, weißem Pfeffer, Cayennepfeffer
abschmecken.

Rosmarin-Pilzsauce

10 g getrocknete Steinpilze
in
200 ml Weißwein
aufkochen und klein schneiden

750 g gemischte Pilze
in Öl anbraten,
salzen, pfeffern,
1 Zweig Rosmarin
dazu.

Steinpilze mit Wein zugeben,
aufkochen

Petersilie und 2 EL Schmand
unterrühren.

Die schnellste Sauce

Knoblauch
in
Olivenöl
erwärmen,
mit den Nudeln vermischen

Frisch geriebener Parmesan
darauf.

Die schnellste Sauce

Tomatensauce

1 zerhackte Zwiebel
1 zerhackte Möhre
2 zerhackte Knoblauchzehen
1 EL gehackte Petersilie
in
90 ml Olivenöl
dünsten
1 kg Tomaten (frisch oder Dose)
dazu

Mit
Salz, Pfeffer (etwas Zucker)
würzen

Sauce etwa 10 – 20 min köcheln lassen
(je länger, umso intensiver wird das Aroma)

Mit
frischen Basilikumblättern
bestreuen.

Tomaten-Oliven-Sauce

1 gehackte Knoblauchzehe
1 gehackte Zwiebel
2 gehackte Sardellenfilets
in
2 EL Olivenöl
andünsten

6 Tomaten
hacken
oder 1 Dose gehackte Tomaten
1 TL italienische Kräutermischung
(nach Belieben noch
4 getrocknete gehackte Tomaten)
dazu
und 30 min köcheln lassen

Entsteinte Oliven
in der Sauce kurz erhitzen.

Tomaten-Oliven-Sauce

Pesto

2 zerkleinerte Knoblauchzehen
2 EL Pinienkerne
(alternativ Walnüsse oder Mandeln)
2 Bund klein gehacktes Basilikum
(oder Bärlauchblätter)
Meersalz
in Mörser zu Paste zerreiben

30 g geriebenen Parmesan/Peccorino
darunter mischen

70 ml Olivenöl
unter Rühren dazugeben,
bis Paste cremig wird

Mit 2 – 3 EL des Nudelwassers geschmeidig verrühren und unter die Nudeln mischen.

Cashewkern-Sauce

(Foto S. 116)

200 g gesalzene und geröstete Cashewkerne
in
Olivenöl
bei starker Hitze kurz scharf anrösten

3 Lorbeerblätter
3 Nelken
200 g Tomatenmark
hinzugeben
und 5 min köcheln lassen
(eventuell etwas Wasser unterrühren)

Mit
Zimt, Paprikapulver, Salz und Pfeffer
würzen

125 g Sahne
125 g Schmand
unterrühren.

Lachssauce

(Foto S. 124)

1 gewürfelte Zwiebel
1 gewürfelte Knoblauchzehe
in
1 EL Butter/Olivenöl
andünsten

300 g tiefgekühlte Erbsen
dazugeben
und pfeffern

150 ml Gemüsebrühe
250 ml Schlagsahne
angießen
und 6 – 8 min köcheln lassen

150 g Lachs (Tiefkühlware oder Räucherlachs)
in Streifen schneiden und
etwas Petersilie
in die Sauce geben
und gar ziehen lassen.

Brokkolisauce mit Mandeln und Sardellen

500 g Brokkoli
ca. 5 min in Salzwasser blanchieren

4 gehackte Sardellenfilets
in
2 EL Olivenöl
andünsten.

1 gehackte Knoblauchzehe
1 TL fein gehackte Petersilie
2 EL Crème fraîche
1 Spritzer Zitronensaft
Brokkoliröschen
dazu

50 g gehackte Mandeln
einstreuen.

Lachssauce

Brokkolisauce mit Mandeln und Sardellen

Geröstetes Brot zu Salat, Nudeln oder einfach nur so

Brotscheiben (Weizenbrot, Toast, Baguette, Ciabatta o. Ä.)
mit
Knoblauchzehe
einreiben
und mit
Olivenöl
bestreichen

Belag:

Käse (Mozarella, geriebener Pecorino)
Tomaten, Anchovisfilet, Oliven
Pfeffer, Salz, Oregano

Ca. 10 min bei 200 Grad backen

Eventuell mit
frischen Basilikumblättern
garnieren

Birgit Lennartz über die Frage: Was enthält am meisten Kohlenhydrate?

Nudeln gelten immer noch als die Kohlenhydratspender für Läufer. Auch wenn man inzwischen weiß, dass Kartoffeln und Reis bezogen auf Ihren Kaloriengehalt mehr Kohlenhydrate liefen.

Erstaunt mag man bei unten stehender Tabelle vielleicht über den hohen Kohlenhydratgehalt von Pommes Frites sein. Hier darf aber der zusätzlich hohe Fettgehalt nicht übersehen werden.

Bezieht man den Kaloriengehalt der Kohlenhydrate auf den Gesamtkalorienwert, so schneidet der Reis gefolgt von Kartoffeln und Nudeln am besten ab:

100 g enthalten	kcal	Eiweiß in g	Fett in g	Kohlenhydrate in g	Ballaststoffe in g	Kohlenhydrat-kalorien: Gesamtkalorien ine%
Kartoffeln	<70	2,0	0,1	14,8	1,7	85
Pommes frites	290	4,2	14,5	35,7	4.0	50
Bratkartoffeln	149	2,4	7,4	17,6	2,0	48
Parboiled-Reis, gekocht	106	2,0	0,2	24,0	0,3	92
Eiernudeln, gekocht	120	4,4	1,0	23,3	1,1	79
eifreie Nudeln, gekocht	121	4,2	0,4	25,1	1,2	84
Vollkornnudeln, gekocht	114	5,0	1,0	21,3	2,7	76

Neben den Energieträger für Kohlenhydrate sind aber auch die Nährstoffe für den Ein-, Um- und Abbau dieser wichtig. dazu zählen Kalium, um die Kohlenhydrate in die Muskeln und die Leber einzulagern. Reichlich enthalten ist dieses in Tomaten, Gemüse, Quark, Obst.

Chrom wird zur Glykogenbildung und Glykogenspeicherschonung durch Optimierung des Fettstoffwechsels benötigt. Es findet sich reichlich in Pilzen, Edamer Käse, Nüssen, Getreide.

Optimale Kohlenhydratmahlzeiten wären also z. B. Reis mit Pilzsauce und Gemüse, Kartoffeln mit Kräuterquark und Pilzen, Nudeln mit Tomatensauce und Edamer Käse.

Guten Appetit!

11. SALATE & SALATSAUCEN

Feldsalat mit Sprossen, Walnüssen und Orange

200 g Feldsalat
60 g Alfalfasprossen
50 g gehackte Walnüsse
1 fein gehackte Zwiebel
1 filetierte Orange
vermischen

Vinaigrette:

2 EL Essig
1 EL Zitronensaft
4 EL Öl
Salz, Pfeffer

Einfacher Kartoffelsalat

400 – 500 g Kartoffeln
garen, pellen, in Scheiben schneiden

1 Bund geschnittene Radieschen
1 gewürfelte Zwiebel
dazu

Sauce:

2 EL Essig
2 – 3 EL Öl
2 EL heißes Wasser
Salz, Pfeffer
1 Bund Schnittlauch

Feldsalat mit Sprossen, Walnüssen und Orange

Geflügelsalat mit Äpfeln

200 g gewürfeltes, gebratenes Hähnchenbrustfilet
50 g gekochte grüne Erbsen
100 g frische, in Scheiben geschnittene und mit Zitronensaft beträufelte Champignons
2 säuerliche gewürfelte Äpfel
2 EL Mandelstifte
vermischen

Sauce:

2 EL Salatmayonaise
2 EL Crème fraîche (Saure Sahne/Joghurt/ Quark)
Zucker, Salz, Pfeffer

Ananas-Lauch-Salat

4 Stangen Lauch
in Stücke schneiden
4 hart gekochte Eier
in Scheiben schneiden

Beides mit
1 Dose Ananasstücke
vermischen

Sauce:

1/2 Glas Mayonnaise
mit
Joghurt und Quark
verrühren

Mit
Salz und Pfeffer
abschmecken.

Löwenzahnsalat

1 El Weinessig
4 EL pürierte Tomaten (aus der Packung)
Salz, frisch gemahlener Pfeffer, 1 Prise Zucker
verrühren

5 EL Olivenöl
dazu

2 noch heiße, in Scheiben geschnittene Pellkartoffeln
in die Soße geben
und darin abkühlen lassen

75 g durchwachsenen Speck
ausbraten

250 g Löwenzahnblätter (ersatzweise Frisée-, Endivien-, Feldsalat)
in mundgerechte Stücke schneiden

2 Tomaten
würfeln
2 hart gekochte Eier
vierteln

Alles in eine mit einer Knoblauchzehe ausgeriebene Schüssel geben und mischen.

Marinierte Champignons

2 durchgepresste Knoblauchzehen
125 ml Wasser
4 EL Olivenöl
4 EL Zitronensaft
2 Lorbeerblätter
1 TL italienische Kräutermischung
Salz, Pfeffer
vermengen
und kurz erhitzen
500 g kleine Champignons
putzen
und in die Marinade geben

Ca. 20 min garen
und über Nacht durchziehen lassen

Marinade vor dem Servieren abgießen.

Körnersalat

100 g Getreidekörner
(Weizen, Roggen, Gerste oder Hafer)
über Nacht einweichen
und gar kochen
(eventuell etwas Brühe dem Wasser zugeben)

1 Tomate
1 Essiggurke
1 Zwiebel
6 Radieschen
1 Bund Schnittlauch
klein schneiden
und mit Körnern vermischen

Sauce:

2 EL Öl
1 EL Zitronensaft
1 TL Senf
1/2 TL Honig
1 zerdrückte Knoblauchzehe
Salz

Roggenkörner-Salat mit Roquefort-Dressing

100 g Roggenkörner
über Nacht einweichen und mit
Einweichwasser 45 min kochen

1 gewürfelte Birne
1 gewürfelte rote Paprikaschote
mit gekochten Roggenkörnern vermischen

Sauce:

50 g Roquefortkäse
mit etwas Wasser zerdrücken

150 g Joghurt
Salz
weißer Pfeffer
zu einer Sauce verrühren,
über Salat gießen
und mit
1/2 Bund gehackte Petersilie
bestreuen.

Körnermischung

Roquefort

Salatsaucen

Das Angebot an Essig und Ölen ist vielfältig. Was kann ich womit mischen? Generell, je dunkler der Salat, desto kräftiger darf die Vinaigrette sein.
Zu hellen Blättern also eher hellen Essig, zu dunklen eher Rotwein- oder dunklen Balsamico-Essig verwenden. Auch sollte ein geschmacksintensiver Essig eher mit einem neutralem Öl gemischt werden und umgekehrt.

Einfache Vinaigrette

Einfache Vinaigrette

2 EL Essig
2 TL Senf
etwas Salz und Pfeffer
verrühren
3 – 4 EL Öl
nach und nach zugeben
und verrühren

Variationen:

- 1 kleine fein gehackte Schalotte gibt mehr Schärfe
- Mit 1 EL gehackte Kräuter wird es feiner
- Für die liebliche Variante 1/2 TL Zucker oder Honig dazugeben
- Aromatisch, wenn die Salatschüssel zuvor mit einer Knoblauchzehe ausgerieben wird.

Kartoffel-Vinaigrette

Passt gut zu Römersalat, Lollo rosso, Frisée, Feldsalat.

1 (ca. 80 g) mehlig gekochte Kartoffel
noch heiß zerdrücken

100 ml Gemüsebrühe
1 kl. gehackte Knoblauchzehe
2 EL Öl
1 EL Essig
1/2 TL Senf
1 Prise Zucker, Salz, frisch gemahlenen Pfeffer
zugeben und verrühren

Eventuell noch gebratenen Speck über den Salat geben.

Joghurtsauce

120 g Joghurt
5 EL Saure Sahne
verrühren

1 El Zitronensaft
1/2 TL Zucker (Honig)
etwas Salz und Pfeffer
zugeben und gut verrühren

Mit
Kräutern (Petersilie, Schnittlauch, Dill, Basilikum)
abschmecken.

Salatcreme

2 gekochte Eigelb
durch ein Sieb streichen

2 El Wasser
125 g Crème fraîche
unterrühren
1 EL Zitronensaft
etwas Salz und Pfeffer
zugeben

Variationen:

- etwas Blauschimmelkäse zerdrücken und zugeben
- 1/2 zerdrückte Knoblauchzehe unterrühren
- etwas Crème fraîche durch Quark ersetzen.

Dressing

Das klassische Dressing ist eine cremige Sauce auf der Basis von Eiern, Sahne und Öl, also fast eine leichte Mayonnaise.
Es eignet sich für alle Arten von Rohkostsalaten, aber auch zu festen hellen Salatsorten wie Endivien, Chicoree, Chinakohl, Frisée, Eisbergsalat u. Ä.

1 Ei
1 Eigelb
70 ml Sahne
2 TL Senf
Pfeffer
3 – 4 EL hellen Essig
200 ml neutrales Öl
in einem hohen Gefäß gründlich pürieren, bis die Sauce eine flüssig-cremige Konsistenz hat.

Thunfischsauce

1 Dose Thunfisch naturell
4 zerkleinerte Sardellenfilets
1 Ei
125 ml Olivenöl
5 EL Zitronensaft
eventuell 2 EL Kapern
pürieren und mit
Salz, Pfeffer
abschmecken.

Leichte Dressings

Salat macht schlank, nicht aber das Dressing. Mein Tipp: Öl reduzieren und stattdessen etwas Gemüsebrühe zugeben.
›Weiße‹ Dressings mit Joghurt o. Ä. verdünnen. Ebenso lassen sich Saucen und Suppen mit püriertem Gemüse oder Kartoffeln (Instantpulver) fettfrei binden.

ISBN: 3-89787-170-X

Fotos: J-Art, Regensburg; Titelfoto: www.adpic.de

Müllerstr. 21, D-93059 Regensburg,
Tel (09 41) 8 30 52-40, Fax (09 41) 8 30 52-42,
E-Mail: info@las-verlag.com; www.las-verlag.com